大数据征信及智能评估技术（2018YFB1403000）项目
“面向社会管理的大数据征信智能评估平台应用示范”课题成果

大数据征信与智能评估

方法及应用案例

蒋凯元 陈学锋 王 笑 马 英 赵进延◎著

人 民 邮 电 出 版 社
北 京

图书在版编目（CIP）数据

大数据征信与智能评估 ： 方法及应用案例 / 蒋凯元等著. -- 北京 : 人民邮电出版社, 2022.8
ISBN 978-7-115-59698-7

Ⅰ. ①大… Ⅱ. ①蒋… Ⅲ. ①信用－数据采掘－研究 Ⅳ. ①F830.5-39

中国版本图书馆CIP数据核字(2022)第118528号

内 容 提 要

“十四五”时期，我国社会信用体系建设进入高质量、法治化发展新阶段，作为推动“放管服”改革、提升治理能力的基础支撑，信用优化营商环境成为引领经济新常态的重要抓手，信用支撑数字经济成为经济可持续发展的新思维。本书系统地介绍了我国社会信用体系建设现状及发展趋势，讲解了大数据征信及智能评估技术原理及示范应用案例，为大数据征信及智能评估技术在科技服务、社会治理及其他新型服务等方面的应用提供参考和借鉴，从而优化社会信用环境，助推社会信用体系建设。本书适合征信、金融、科技、社会管理领域的相关从业人员及对大数据征信感兴趣的人士阅读。

◆ 著　　　蒋凯元　陈学锋　王　笑　马　英　赵进延
责任编辑　李成蹊
责任印制　马振武
◆ 人民邮电出版社出版发行　　北京市丰台区成寿寺路 11 号
邮编　100164　　电子邮件　315@ptpress.com.cn
网址　https://www.ptpress.com.cn
固安县铭成印刷有限公司印刷
◆ 开本：787×1092　1/16
印张：11.25　　　　2022 年 8 月第 1 版
字数：210 千字　　　　2022 年 8 月河北第 1 次印刷

定价：89.90 元

读者服务热线：(010) 81055493　印装质量热线：(010) 81055316
反盗版热线：(010) 81055315
广告经营许可证：京东市监广登字 20170147 号

致谢机构及人员名单

感谢以下单位对本书提供的帮助（排名不分先后）。

- 国家信息中心
- 国家公共信用信息中心
- 北京邮电大学
- 浙江大学
- 中国科学院软件研究所
- 北京市长城企业战略研究所
- 北京国信新网通讯技术有限公司
- 中投国信（北京）科技发展有限公司
- 陕西西部资信股份有限公司
- 成都数联铭品科技有限公司
- 爱信诺征信有限公司
- 中诚信征信有限公司
- 清檬养老服务有限公司

感谢以下人员对本书提供的帮助（按姓氏笔画排序）：于[illegible]、王涛、王鹏、王呈喜、冯煜、吉汝倩、刘晓东、齐海茂、江志航、许宗怡、孙圣力、孙江枫、李鹏、李子豪、李伟平、李宪英、杨爽、肖乔、吴楠、吴师成、何香萍、沈春明、沈思丞、宋美娜、张少强、张光卫、张坚强、张学武、张昶洪、张福浩、陆文、欧中洪、罗宁、姜海欧、栗兴维、唐宇琦、黄波、黄艳、崔岩莉、曾途、詹永川、翟玥。

PREFACE 序 言

“十四五”时期，我国致力于谋求高质量发展，属于征信行业发展的黄金期。基于大数据技术挖掘相关征信信息所潜藏的价值，可切实推进征信市场的蓬勃发展，建立科学完善的社会信用体系，也有助于后续推动数字经济的发展。

中国有比较坚实的大数据征信发展条件。

在政策推动方面，我国陆续出台《征信业管理条例》《社会信用体系建设规划纲要（2014—2020年）》《关于推进社会信用体系建设高质量发展促进形成新发展格局的意见》等一系列政策文件，有助于后续顺利推进大数据征信工作。《中华人民共和国国民经济和社会发展第十四个五年规划和2035年远景目标纲要》（以下简称“十四五”规划）还专门对怎样健全当下的社会信用体系，做出比较系统的部署。

在数据基础建设方面，我国征信大数据发展已具备良好的数据基础。其一，中国人民银行专门构建了完善的金融信用信息基础数据库，用于存储我国范围内的信贷业务机构所收集的信贷信息；其二，国家发展改革委专门成立了信用信息共享平台，在此平台归集、共享、公开全国公共信用信息；其三，行业协会、市场化信用服务机构，以及以阿里巴巴、腾讯、百度等为代表的互联网公司，在日常生产经营过程中，均会产生不少的市场信用信息。

在技术支撑方面，当前，大数据、区块链等信息技术已获得发展，在此背景下，各种类型的金融技术如雨后春笋般涌现，同时更新了原有的大数据征信服务模式，也让自动化和智能化成为大数据征信评估的发展趋势。我国已涌现一批有实力的企业，通过发展大数据征信技术，基于我国现已经发布的法律法规，积极推进多样化信用信息的互联共享，让社会发展更为深入，满足大众一系列信用服务需求。

在市场需求方面，迄今为止，我国范围内的互联网金融业正处于如火如荼的发展阶段，越来越多的市场主体参与其中，而在数据合规性、技术实力、标准业务模式等方面难以达到中国人民银行征信体系的基础性要求，只能通过市场化的渠道获取征信数据资源，由此催生了海量的大数据征信需求。

如今，我国刚刚在大数据征信方面崭露头角，大数据征信发展仍面临诸多挑战，具体介绍如下。

① 多源海量数据挖掘难度大。征信大数据资料来源多、模态多、噪声多、可信度低、信息价值密度低。征信大数据多维度表征方法的研究突破是重大挑战。

② 智能评估预警技术薄弱，缺乏信度和效度优良的评估体系。构建科学有效的智能评估和监控预警体系是重大挑战。

③ 服务模式待创新。分散运营的方式会形成“数据孤岛”，如何创新服务模式，有效汇聚广泛的数据资源，实现开放共享是重大挑战。

④ 典型应用案例缺乏。大数据征信应用缺少成熟的可借鉴案例。

⑤ 数据合规性面临挑战。法律在数据收集、存储、责任等方面尚没有明确的规范，相关数据的合法性与合规性难以鉴别。

本书以大数据征信及智能评估技术（2018YFB1403000）项目研究为基础，结合江西省、福州市、开封市等提供的案例，重点研究和分析大数据智能评估技术在新兴服务业、科技服务业和社会管理中的典型应用，详细介绍了在典型行业场景中，如何通过汇聚融合多源、多模态的海量征信数据，构建信用大数据模型，实现跨域融合及智能评估预警，从而解决行业发展痛点，形成具体的行业解决方案，为信用行业从业人员提供参考和借鉴。

CONTENTS

目录

第 1 章

中国大数据征信整体报告

1.1 中国社会信用体系建设现状及趋势

从本质上来看，市场经济相当于信用经济，在我国当下推行的市场经济体制中，至关重要的制度安排之一即为社会信用体系。事实上，我国十分关注社会信用体系的建设，并常年将其写入《政府工作报告》，不仅如此，还有不少相关政策文件也陆续发布，切实推进了社会信用体系的建设进程。

1.1.1 社会信用体系建设概况

值得一提的是，构建社会信用体系，不仅有助于健全中国现有的市场经济体制，也会让市场经济秩序更加标准化。

1. 概念界定

我们想要了解我国社会信用体系建设，就需要先了解以下 4 个概念。

（1）信用

21 世纪至今，我国学者针对信用及信用体系方面所展开的研究，主要围绕金融领域及商业领域，不少理论均以“狭义信用”的定义为基础，将“信用”当作商品买卖过程中所存在的延期付款等行为，主要内容包括以下 4 个方面。

① 银行信用，即银行举行的一系列货币借贷活动。

② 商业信用，即在商品交易期间，某方出现了延期付款等行为。

③ 国家信用，即国家所推进的相关财政借贷活动。

④ 消费信用，即针对个人的资金借贷服务。

近期，学者们针对信用所展开的理论研究，不再仅局限于从金融及商业角度着手，而是开始关注信用体系的构建，例如，科研信用、社会信用制度构建等。这些研究对“信用”的界定突破了传统“狭义信用”的边界，逐渐向“广义信用”范畴延伸。

现代社会中“广义信用”的概念，是在大数据技术应用、信息数字经济发展的背景下被提出的。虽然“广义信用”机制在人类社会发展的各个阶段已经广泛存在，但其作用只有在信息技术充分发展的条件下才得以显现。一般而言，我们可从以下 3 个方面理解“广义信用”。

从伦理道德层面看，信用主要是指参与社会和经济活动的当事人之间建立起来的、以诚实守信为道德基础的“践约”行为。

从法律层面看，《中华人民共和国民法典》指出，民事主体从事民事活动，应当遵循诚信原则，秉持诚实，恪守承诺。

从经济学层面看，信用是指在商品交换或其他经济活动中的授信人在充分相信受信人能够实现其承诺的基础上，用契约关系向受信人放贷，并保障自己的本金能够回流和增值的价值运动。

“广义信用”信息有更大体量的数据集合，借助大数据征信来实现。本书阐述大数据征信时使用的信用概念是“广义信用”。

（2）社会信用

2017年，上海发布《上海市社会信用条例》，此条例第一次对“社会信用”给出了相对清晰的定义，是比较重要的地方性法规之一，该条例指出:“社会信用”代表“具有完全民事行为能力的自然人、法人和非法人组织，在社会和经济活动中遵守法定义务或者履行约定义务的状态”。在信用主体范围上，《河南省社会信用条例》《重庆市社会信用条例》在“自然人、法人和非法人组织”之后加上“等信用主体”，《广东省社会信用条例》则直接使用“信用主体”。在信用活动范围上，《山东省社会信用条例》并没有给出“在社会经济活动”方面的限制，《重庆市社会信用条例》则加上了“践行承诺”的表述。

综上，“社会信用”代表了信用主体恪守我国法律法规的状态。其中，“法”和“约”在不同场景下表现不同，例如，法学中的“法律法规”，经济学中的“合同条款”和“信贷情况”，政治学中的“契约”和“制度”，社会学中的“公序良俗”，伦理学中的“承诺”。

（3）社会信用信息

综合已实施的省级社会信用条例，通常情况下，“社会信用信息”能够细致划分为两大部分，即公共信用信息和市场信用信息。

公共信用信息代表我国部分机关已经授权的能够对相关公共事务进行统筹管理的组织等，在按我国出台的相关法律法规尽职尽责地提供服务期间，所得到的一些客观资料，这些资料能够精准识别或深入探究社会信用主体在一系列经济社会活动中，对于法定义务履行情况。

公共信用信息涉及四大类别的内容，包含基础信息、守信信息、失信信息、其余信息，详细介绍如下。

第一，基础信息，涉及事业单位登记等各种类型的登记类信息；同时，也包含了多样化资质资格类信息；此外，还涉及行政确认等相关信息，以及和我国出台的相关法律法规所规定的能够记录的其余信息。

第二，守信信息，包含了参与各项社会公益活动等信息，部分组织在其分类监管期间受到评价之后而汇总的等级信息，以及我国出台的相关法律法规所规定的能够记录的其余信息。

第三，失信信息，包含了能够对相关程序给予一定行政处罚的信息，监管部门强调的能够予以行业限制的信息，以及没有任何法律效力的部分文书义务，例如，政府性基金等各种类型的信息及我国所发布的法律法规中认为可以记录的其余信息。

第四，其余信息，包含了我国出台的相关法律法规、一系列国务院政策文件所提及的相关信息。

市场信用信息代表信用服务机构、其余企事业单位等，在其生产经营过程中进行自律管理活动产生的信用信息。在此之中，“信用服务机构”代表遵循我国发布的法律法规而设立的有资质并可给予社会各种类型的信用产品，从事信用担保、信用咨询、信用风险控制等一系列经营活动的服务机构。

采集市场信用信息，需要秉持客观性及真实性的基本准则，严守我国发布的法律法规。对于关联征信业务的信息，还需要恪守我国在征信管理方面发布的法律法规；对于关联个人方面的信息，应第一时间征求本人同意，但必须依法进行公开的信息不在其列；禁止收集自然人所涉及的商业保险等相关信息，但已知晓信息主体提供这一信息也许会存在不良后果且已经得到本人书面同意的不在其列；禁止收集自然人的血型及其相应的病史信息；禁止采集我国现有法律中所指出的禁止收集的其余信息。

（4）社会信用体系

对于社会主义市场经济体制而言，社会信用体系是其至关重要的组成部分。该体系结合了我国所发布的一系列法律法规，致力于完善社会成员对应的信用记录，坚定不移地秉承诚信文化理念，积极弘扬我国优秀的诚信美德。

社会信用体系不仅采用了守信激励方案，还辅以科学有效的失信约束方案，旨在提升民众诚信意识。这标志着我国信用体系建设工作已经不再局限于金融、经济领域，而是扩展到整个社会范畴，发展为广义的信用建设。

2. 发展进程

我国一直都在大力构建适用于我国国情的社会信用体系，切实推进社会信用体系朝着更为深入的方向发展，这项举措不仅能够完善现有的市场经济体制，还有助于构建更为健全的社会治理体系。

（1）2000—2003 年：萌芽阶段

2000 年，全国两会代表提出了题为“建立国家信用管理体系”的议案。

2000—2002 年，国家层面开展了社会信用体系的可行性课题研究及城市信用体系试点工作。

（2）2003—2012 年：初级发展阶段

我国社会信用体系建设试点工作于 2003 年 10 月底正式启动，我国信用服务行业成为一个新兴的服务行业，步入发展阶段。2007 年 6 月，《国务院办公厅关于建立国务院社会信用体系建设部际联席会议制度的通知》发布，2008 年，我国确定以中国人民银行为主，其余单位作为辅助，构建上述通知要求的社会信用体系。

（3）2012—2020 年：全面推进阶段

2012 年，国务院发布了《国务院关于同意调整社会信用体系建设部际联席会议职责和成员单位的批复》，此文件确定了由国家发展改革委、中国人民银行牵头，构建我国范围内社会信用体系的任务。

2014 年 6 月，我国首个社会信用体系建设顶层设计《社会信用体系建设规划纲要（2014—2020 年）》发布实施。之后，中国构建社会信用体系的速度更为迅猛。而在此期间，中国开始在部分基础领域崭露头角，并统一社会信用代码，还专门构建多样化的信用基础设施，以共享较多的公共信用信息。此外，在信用理念等方面我国也不断创新，例如，我国专门构建了失信联合惩戒机制等行之有效的举措，促进法院判决可第一时间付诸实际。不仅如此，我国在市场监管及税收等方面，也研究出了更为有效的信用监管机制，各地还在信用服务实体经济方面大展身手，积极推动“信易贷”等部分创新实践。综合来看，在此期间，我国社会信用体系正处于如火如荼的建设过程中，为改善营商环境及提高治理能力现代化给予了非常有力的保障。

（4）2021 年至今：高质量发展阶段

2021 年，我国推出了“十四五”规划，致力于完善现有的社会信用体系，与此同时，我国还指出应构建科学完善的信用法律法规，同时，辅以相配套的标准体系，并汇总相应的失信惩戒清单。促进多样化信用信息的归集，并实现信息共享与应用，尽可能地推广利于民生的信用产品及相关服务。将多样化公共信用信息和各种类型的金融信息融合，构建相对健全的共享整合机制。培养有专业性的企业征信机构，提高征信监管力度，切实推进信用服务市场向着正确的方向迅猛发展。

2022 年，《关于推进社会信用体系建设高质量发展促进形成新发展格局的意见》发布，在双循环背景下，应当坚定不移地秉持全局意识，从宏观方向入手培养系统思维，坚守问题导向，致力于寻求正确结果，关注我国经济发展过程中的诸多领域，了解一系列环节中的薄弱之处与困难之处。从信用制度、信用监管等多方位着手，指出可以切实推进社会信用体系构建的有效路径，这也有助于夯实信用基础，减少不必要的交易成本，改进现有的资源配置，营造正向积极的营商环境。

1.1.2 社会信用体系建设成效

迄今为止，我国所构建的社会信用体系已达下述成效。

1. 信用法治化水平持续提升

2021 年，我国发布了《法治中国建设规划（2020—2025 年）》，指出需要迅速推进社会信用立法，健全现有的失信惩戒机制。截至 2022 年 4 月，我国已经出台的 47 部法律、59 部行政法规均提及了信用条款。在地方层面，我国有 19 个省（自治区、直辖市）发布地方性信用法规，其中，四川、湖南等地已经提请将信用列入立法计划。

2. 信息归集共享水平持续提升

截至 2020 年 12 月，全国信用信息共享平台依托国家电子政务外网建设，横向连通 94 个中央部门，纵向贯通 31 个省（自治区、直辖市）和新疆生产建设兵团，实现了多达 77 个社会信用机构进行多样化信息的互联共享，全国信用信息共享平台累计归集信用信息数据量达 618.42 亿条，累计推送数据达 1313.64 亿条，提供接口实时查询 / 核验服务达 21.36 亿次，为推进建立联合惩戒与守信激励机制、促进信用体系建设等提供重要支撑。

3. 重点领域专项治理持续推进

2018 年，我国发布了《关于集中治理诚信缺失突出问题 提升全社会诚信水平的工作方案》，之后各部门便针对造谣传谣等行为，以及互联网所存在的金融风险进行严格的专项整治，共参与了多达 19 项治理工作；2021 年，我国又出台了《关于开展诚信缺失突出问题专项治理行动的工作方案》，集中开展通信网络诈骗、互联网信息服务等 10 项诚信缺失突出问题专项治理行动。

4. 三批信用示范区积累有益经验

一直持续至2021年年末，国家发展改革委将杭州市、南京市、厦门市、福州市、重庆市江津区等62个城市（区）评为全国社会信用体系建设示范区。这些地区追求创新，在社会信用体系的构建方面有了比较丰富的经验。信用示范区的建设有助于信用更加标准化，并可切实提升当前的社会化水平。

5. 信用便民惠企场景不断丰富

截至2022年2月底，全国已有247个地级城市（占比95%）归集共享了“信易+”开展情况，开展的“信易+”应用领域的平均数量约为27个。其中，潍坊市、邢台市、南充市、保定市、唐山市等不断拓展“信易+”应用领域，相关工作取得积极成效，“信易+”应用主要涉及“信易住”“信易行”“信易租”“信易医”“信易税”“信易游”“信易阅”“信易购”“信易停”“信易批”“信易惠”“信易评”“信易邮”“信易保”“信易+教育”“信易+养老”“信易+政府采购”等。

6. “信易贷”工作成效突出

近年来，我国出台《加强信用信息共享应用促进中小微企业融资实施方案》等一系列重要文件，对“信易贷”工作进行部署。截至2021年，我国范围内的融资信用服务平台，已涉及103个地区，充分实现了信息互联与共享。综合来看，融资信用服务平台一共关联273个地方站点，与此同时，入驻企业突破了1380万家。结合相关统计结果可知，这些平台至今已经放出高达7万亿元的贷款，其中，“信易贷”大力扶持了我国范围内中小微企业的融资，也间接促进了社会经济的繁荣。

7. 信用监管长效机制全面推进

一是信用承诺工作全面推进。截至2022年2月底，全国已有247个地级城市（占比95%）在政务服务大厅实行了信用承诺机制，已实行信用承诺的事项占法定可承诺事项总量的93.52%。其中，苏州市、威海市、潍坊市、宜昌市、泸州市等234个城市大力推进信用承诺工作，已实行信用承诺事项占比达100%。

二是对信用分级分类监管方面进行细致划分。2021年，国务院指出，必须积极推进信用的分级分类监管。截至2022年2月底，全国已有250个地级城市（占比96%）归集共享了信用分级分类监管情况，开展信用分级分类监管领域平均数量超过35个。其中，广州市等信用建设先进地区已将信用分级分类监管应用到100多个领域。

8. 信用数据安全得到有效保障

截至 2022 年 2 月底，全国已有 251 个地级城市（占比 96%）出台了个人和市场主体权益保护制度，246 个地级城市（占比 94%）出台了数据安全保护和应对制度。其中，苏州市、衢州市、湖州市、潍坊市、丽水市等城市建立了较为完备的数据安全保护和应对制度，包括安全管理组织机构、人员管理、安全建设管理、安全运行管理、应急预案、数据安全及个人隐私保护等。

9. 信用经济进入实质性操作阶段

我国出台了《全面深化前海深港现代服务业合作区改革开放方案》，在该方案的指引下，文化和旅游部开始在 14 个地区进行试点信用经济试验区。一系列文件相继出台，信用经济必然会在税收监管等多个领域中备受推崇，以信用体系为基础，积极推进我国范围内的市场化改革。

1.1.3 社会信用体系建设困境

即便我国在构建社会信用体系上，已经取得突破性进展，但机制建设、信息共享、区域建设等方面仍存在发展困境。

1. 国家层面信用立法尚未出台

尽管我国很多法律法规中规定了诚信守法的原则，但缺少与信用制度直接相关的立法，实际操作中大多按照部门规章来运行。

2. 信用信息共享水平尚待提高

建立社会信用体系，对各部门协同联动、资源共享提出了更高的要求。在国务院等政府机构的密切关注下，在各地政府的携手推动下，我国范围内的跨部门信用信息共享工作已颇具成效，但至今还无法达到我国在高质量发展方面所提出的一系列要求。

3. 区域信用建设发展不均衡

由于各地信用建设基础不同，各地政府部门推进力度、财政支持、专业人才储备等因素存在差异，先行先试经验推广有限，各地所构建的社会信用体系良莠不齐，差别显著。目前 62 个信用示范区分布在 17 个省（自治区、直辖市），而尚有 14 个省（自治区、直辖市）的信用示范区处于空白状态。

4. 信用市场发展水平有限

第一，市场监管体制不健全，现有的信用服务体系也有待进一步完善，另外，我国当下的信用服务市场，还无法达到提供多样化信用服务的标准；第二，信用信息开发和利用不充分，信用产品供给创新动力不足，需求潜力有待开发，市场发展滞后；第三，在构建信用体系的过程中，难以招揽到专业性极佳的人才，我国虽然已经建立了一批征信机构和信用评估机构，但大部分企业没有自己的信用管理部门，而且大多数高等院校并未设置信用管理课程，这让信用管理人才稀缺，直接影响社会信用体系的构建。

1.1.4 社会信用体系建设重点趋向

我国社会信用体系建设趋势主要有以下 9 个方面。

1. 信用立法加速实现

信用立法进程有望加速。一是国家层面，社会信用方面的法律列入全国人民代表大会常务委员会立法规划。第十三届全国人民代表大会第五次会议将“制定社会信用法立法项目”纳入立法工作计划中。时任国家发展改革委政策研究室副主任孟玮曾经指出，将遵循现有的法治规范，积极推进信用建设方面一系列法律法规的发布，让信用建设更加法治化。同时，我国还发布了失信惩戒清单，切实保障一系列信用举措的合法性。二是地方层面，各地的相关法律法规中需要继续优化信用内容，并加速信用立法。我国范围内现已存在 19 个省级社会信用地方性法规，山东省、浙江省、海南省、内蒙古自治区等省（自治区、直辖市）的社会信用体系建设“十四五”规划把进一步健全信用法规体系和信用标准体系列为重要任务。

2. 信用监管新型机制不断夯实

目前，社会信用体系的构建，正在迎合我国当下的高质量发展要求，从多方位入手构建科学完善的监管体系，实现全链条多方位监管，切实提升监管效能，助力增长核心竞争力，有效保障高质量发展。2019 年，“信用监管”被正式写入《政府工作报告》，这代表更为有效的信用监管机制开始全面推行。2020 年，我国推出了极具创新性的监管机制。2021 年，“十四五”规划出台，推进监管能力现代化。完善以“互联网 + 监管”为基本方案，以信用监管为基础的新型监管机制，推进线上线下一体化监管。2022年，《国务院关于印发“十四五”市场监管现代化规划的通知》中，第一次提及完善信用监管长效机制的理念，并且从完善信息归集公示机制、完善信用约束激励机制、完善信用风险分类管理机制3个方面做出明确部署；在相关意见中指出，应尽可能地提高社会诚信水平，借助行之有效的信用机制，助力我国在较短时间内实现大循环。

3. 信用促进金融服务实体经济

“信易贷”可有效应对我国范围内的中小企业融资难的问题，也有助于积极推进我国供给侧结构性改革。我国十分关注社会信用体系的构建，与此同时，也格外重视众多中小企业在融资方面存在的一系列问题，出台了《国家发展改革委 银保监会关于深入开展“信易贷”支持中小微企业融资的通知》《国家发展改革委办公厅关于支持“信易贷”平台向金融机构推荐信用状况良好企业有关工作的通知》等相关政策，帮助更多的中小企业融资。如今，我国各地正纷纷致力于推进“信易贷”工作，提供了“一站式”服务及便捷化办理方式。而《加强信用信息共享应用促进中小微企业融资实施方案》等文件的出台，可以凭借各种类型的信用信息数据，帮助我国广大中小企业打通融资环节的难处，积极践行相关部署，让“信易贷”工作更加高效。

4. 搭建多元化的“信易+”应用体系

“信易+”已经应用于核心领域，社会各部门携手参与，合作主体趋于多样化，民众生活更为丰富多彩。在国家层面，相关意见鼓励依托信用方式，充分发挥消费潜力，在养老等领域积极推进“信易+”工程。在地方层面，天津市、江苏省、烟台市、台州市、宜春市等将信用便民惠企建设列为社会信用体系建设“十四五”规划的重要任务。而在“信易+”的应用上，各地逐渐开始探索“跨地区、跨部门、跨领域”的场景应用和“政府与社会互促、行政与市场共融”的信用服务模式。

5. 信用经济价值将进一步显现

当下，我国经济正在迅速发展，在此背景下，社会发展需要满足更为严苛的诸多要求，在我国各部门与诸多行业的积极推动下，信用开始在市场经济发展过程中凸显价值，这也有益于构建高标准市场体系。2021年9月，国务院指出，信用经济将促进多主体的诚信建设，而且在税收监管等方面广受推崇，以当前信用体系为基础，推进科学有效的市场化改革；2022年3月，国务院出台的相关意见中指出，应以完善的信用机制打通国内大循环，以积极活跃的信用环境，切实推进双循环的实现。地方政府将会基于已构建的信用建设框架，推动信用经济实现新的增长点。

6. 信用服务行业规范与发展并重

信用服务领域朝着“规范与发展并重”的目标迈进。

一方面，大力扶持信用服务机构。2018 年，《国家发展改革委办公厅关于充分发挥信用服务机构作用加快推进社会信用体系建设的通知》指出，要大力发展信用服务机构和信用服务市场。山东省、江苏省、天津市、内蒙古自治区等省（自治区、直辖市）的社会信用体系建设“十四五”规划将“规范发展信用服务，积极培育信用服务市场”作为重要任务。截至 2022 年 2 月，我国共有 136 家企业征信机构在我国所建立的平台进行备案。

另一方面，不断提高信用服务机构自身的诚信经营水平。2021 年，《国家发展改革委办公厅关于开展信用服务机构失信问题专项治理的通知》发布，相关工作取得了积极成效。2022 年，国家发展改革委开始严厉打击信用行业失信行为，不断完善各大行业的管理体系，营造积极正面的市场环境，致力于培养出公信力极佳的相关信用服务企业。

7. 大数据赋能信用建设新模式

互联网行业迅速发展以大数据、人工智能、多方安全计算等为代表的信息技术，这也有助于我国构建自己的信用体系。在国家部署方面，“十四五”规划指出，必须积极建立一体化的大数据中心体系；促进多样化信用信息的归集，并实现信息共享与应用，尽可能地推广利于民生的信用产品及相关服务。将多样化公共信用信息紧密衔接于各种类型的金融信息，建立科学完善的共享整合机制。同时培养有专业性的企业征信机构，提高征信监管力度，切实推进信用服务市场向着正确的方向迅猛发展。“十四五”规划中，浙江省如火如荼地开展了数字化改革；江苏省则基于现有大数据共享交换体系，借助云计算等前沿技术，构建集约高效的信用信息系统；重庆市也开展了数字化变革行动，持续提高社会信用，并致力于构建数字政府；贵州省更新了已有的贵州信用云，将大数据技术引入社会信用体系的构建过程中，全方位搭建社会的信用“主枢纽”，不断提高贵州信用云在政府治理过程中的良好效用。

8. 区域信用合作网络持续扩大

跨区域信用合作模式有望再上新台阶。区域信用是维持区域内社会、经济、文化等活动正常进行的纽带，便于打破“信息孤岛”的情况，推动区域联动信用奖惩机制，打造区域诚信品牌。长三角、粤港澳大湾区等地区的信用合作模式遥遥领先，已经于当地发挥了模范带头作用，同时，还在谋求更深层次的区域信用合作。此外，成渝区、东北区域的信用合作模式也逐渐探索创新。2021 年 9 月，《国务院关于东北全面振兴“十四五”实施方案的批复》中指出，需要尽可能达到我国在高质量发展过程中所提出的一系列要求，与此同时，积极构建科学完善的区域动力系统。2021 年 10 月，我国发布了《成渝地区双城经济圈建设规划纲要》，指出需要不断推进信用一体化的实现，并切实保障区域信用政策的统一性，此外，还应关注体系的规范性，这样才可研究具有普适性的信用产品。

9. 信用建设支撑高质量发展

毋庸置疑，在信用建设过程中，需要时刻遵循我国预先设定的发展战略。其一，应在短期内实现国内大循环的前提下，逐步推进国内国际双循环，这是当前国家的核心发展战略之一。其二，必须积极构建统一大市场，要处理好统一大市场与畅通“双循环”的关系。我国发布的相关意见中指出，在我国范围之内构建统一大市场，是建立新发展格局必不可少的条件之一。高质量社会信用体系为解决经济循环的难点、堵点及痛点提供了新思路，有助于切实推进我国经济的循环畅通，帮助我国建立新发展格局，是构建统一市场规则的核心保证。

1.2 中国大数据征信及智能评估技术的发展现状与展望

近年来，中国消费信贷规模、企业信贷规模均呈高速增长趋势，征信市场需求规模巨大。目前，互联网及人工智能等备受各方青睐的技术，如雨后春笋般涌现，大数据技术在征信中被广泛应用，用大数据思维开拓社会信用治理创新模式成为可能。

1.2.1 引言

首先，本节对大数据征信的相关概念和产生背景进行界定与分析。其次，从大数据征信相关的法律法规与我国征信市场格局、大数据征信场景应用的角度进行知识梳理，阐述中国当下的大数据征信发展情况。

1. 概念界定

我们想要了解大数据征信，就需要先了解以下 3 个概念。

（1）征信

2018 版国家标准 GB/T 22117—2018《信用基本术语》对“信用信息”的定义为：“个人或组织在社会与经济活动中产生的与信用有关的记录，以及与评价其信用价值相关的各类信息。”征信代表“采集、存储相关信用信息，同时，给予部分有一定合理合规要求的信息使用者所需要的服务，这有助于市场对所面临的风险进行科学有效的精准控制，达到理想的信用管理效果”。

征信的本质是专业第三方机构提供决策参考意见，只从客观角度入手，记录以往一段时期的市场所关联的信用信息，并帮助预测其未来是否履约的一种信用信息服务活动。

征信对市场主体所参与的信用活动，第一时间进行多方位记录，帮助市场主体积累信用财富，激励个人养成诚实守信的行为习惯，优化现有的社会信用环境。总体来说，信用是目的，征信是实现目的的手段。

传统征信往往为一系列借贷活动提供服务，能够减少借贷交易过程中存在的信息不对称情况的发生，防范和化解信用风险。征信目前已广泛应用于经济社会领域，在解决信息不对称、扩展市场交易范围、优化营商环境、培育社会诚信意识和提供社会管理平台等方面发挥了积极作用，直接影响经济社会管理。当前，征信活动以金融领域为核心，扩展到经济领域，并辐射到社会领域。

（2）大数据

大数据时代，随着数据挖掘和统计建模技术的不断升级，可用于评估人们信用的信息越来越多。人们对于大数据最初的认知仅限于大数据的规模和增长速度，当然这也是大数据最显著的特点之一。然而，规模和增长速度并不能代表大数据的全部，相关领域的研究人员对大数据的特点进行了一系列总结，例如，莱尼等在 2001 年提出了大数据的“3V”特征，即规模性（Volume）、多样性（Variety）及高速性（Velocity）；IDC 公司又在此基础上引入大数据的第四维度特征，即数据价值（Value），IBM 公司认为第四维度的大数据特征应该是真实性（Veracity），此后，学术界将以上特征称为“5V”特征。孟小峰等人于 2013 年在大数据的处理流程上对大数据进行了说明，指出大数据处理一般包括基础数据源的存储、数据的抽取与集成、数据分析、数据解释和可视化等，其中，基础数据源不仅包括存储在关系型数据库中的结构化数据，还涉及文本、视频等其余类型的数据；而数据的抽取和集成主要是对基础数据源按统一方式进行抽取和在大数据平台进行存储，面向不同主体和层次的数据逻辑汇总和数据加工等；数据分析是极其关键的大数据处理部分之一，它通过统计分析、数据挖掘、机器学习等多种数据科学分析手段，尽可能地利用数据所蕴含的价值；用户站在大数据处理顶层，将大数据分析的结果转化为用户可利用的信息价值，涉及数据解释、数据可视化、人机交互等方面。

（3）大数据征信

在互联网时代，非结构化数据逐步占据了大数据的半壁江山，因此信用信息天然属于大数据，然而，也有部分大数据并非信用信息。从本质来看，大数据征信主要基于科学前沿的数据挖掘技术，可更加高效且更有性价比地采集相对较多的信用信息。相较于传统征信方式，这一方式的采集范围更为广泛，其内容还囊括了被传统征信排除在外的半结构甚至非结构化数据。基于大数据征信所构建的评分模型，也十分关注信息实时性，可以有效应对信贷交易双方彼此间存在的信息不对称问题。学者在研究中对大数据征信给出了诸多解释，例如，陈小梅在 2017 年指出，大数据征信就是将现今广受推崇的大数据技术，引入一系列征信活动当中，以采集、挖掘相对较多的多方位数据信息的方式，同时，结合机器学习等模型算法，知晓信息主体目前的信用情况，为多样化的应用场景提供征信产品。本节通过对相关文献的梳理得出，大数据征信以备受各方青睐的大数据技术为基础，设计出科学合理的征信评价模型，基于多方位的信用信息考察，针对个人及企业展开系统的信用评价。以网络为依托的大数据征信具有"征信数据的广泛性""征信数据的海量性、低成本性与实时性""数据存储的便捷性与处理的智能性""征信数据使用范围的宽广性"等特征。

2. 大数据征信产生的背景

大数据征信产生的背景主要有互联网用户数据海量增长、征信市场需求巨大、传统征信模式弊端显现、社会信用体系建设亟须大数据的支撑与融合 4 个方面，具体介绍如下。

（1）互联网用户数据海量增长

第 49 次《中国互联网络发展状况统计报告》显示，截至 2021 年 12 月，我国各类个人互联网应用用户规模呈普遍增长态势。其中，在线医疗、在线办公的用户规模增长最为明显，较 2020 年 12 月分别增长 8308 万人、1.23 亿人，增长率分别为 38.7%、35.7%；网上外卖、网约车的用户规模较 2020 年 12 月分别增长 1.25 亿人、8733 万人，增长率分别为 29.9%、23.9%；在线旅行预订、互联网理财、网络直播、网络音乐等应用的用户规模增长率也均在 10% 以上。互联网用户规模快速增长，随之产生的金融数据、电商数据、生活数据、社交数据等都应考虑纳入征信的范畴。2021 年 12 月中国互联网用户规模情况如图 1-1 所示。

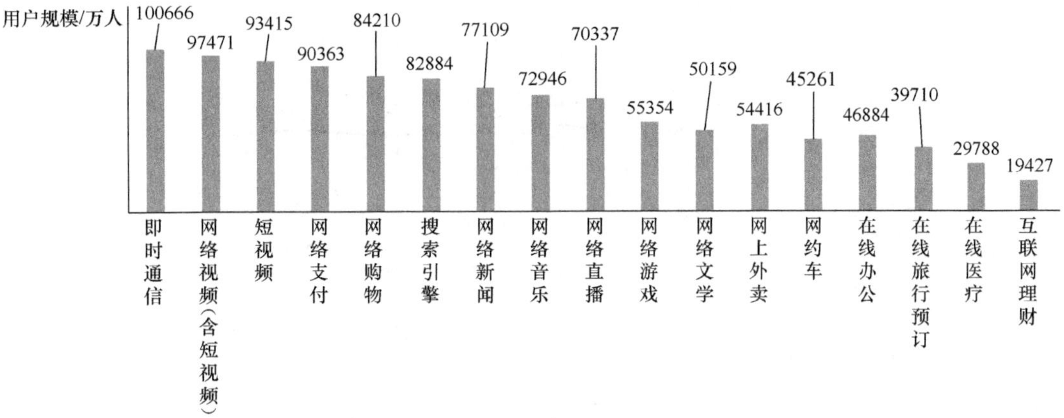

图 1-1　2021 年 12 月中国互联网用户规模情况

资料来源：中国互联网络信息中心（CNNIC）第 49 次《中国互联网络发展状况统计报告》

（2）征信市场需求巨大

长久以来，中国人民银行负责收集以银行信贷信息为核心的企业或个人信息。从其发布的相关数据可知，一直持续至 2020 年年底，中国人民银行开发的征信系统一共收录了多达 11 亿自然人的信息，以及 6092.3 万家企业的信息，其中，小微企业达 3656.1 万家，个体工商户达 1167 万户。不论是从用户量来看，还是从数据多样性来看，征信系统均面临着多方面的局限。

随着改革开放的进一步深入，以中国人民银行征信中心为代表的征信体系已经无法完全满足金融市场运行的需要。在我国互联网日益普及的今日，数据挖掘、机器学习、云计算等新兴技术得到了一定程度的发展。另外，互联网金融备受推崇之后，消费金融等细分领域的快速发展对中国征信行业提出了更多的需求。

① 个人信贷业务发展迅猛。自 2015 年以来，消费金融渗透率迅速上升，规模迅速扩张。2013—2019 年中国消费信贷规模持续稳步提升，6 年间我国消费信贷余额增长量达 10 万亿元。国家统计局发布的《中华人民共和国 2021 年国民经济和社会发展

统计公报》显示，截至 2021 年年末，我国范围内的所有金融机构累计的消费贷款余额达到了 548849 亿元。

中国消费信贷市场规模的扩张，主要由消费者的消费支出和使用信贷进行消费意愿提升驱动。中国消费信贷主要包含信用卡、分期及其他无担保的信用产品（不含个人经营贷款、汽车贷款及房贷）。中国人民银行发布的《2021 年第四季度支付体系运行总体情况》及《2021 年支付体系运行总体情况》显示，截至 2021 年年末，全国信用卡和借贷合一卡共发放 8 亿张。我国信用卡风险情况如图 1-2 所示。

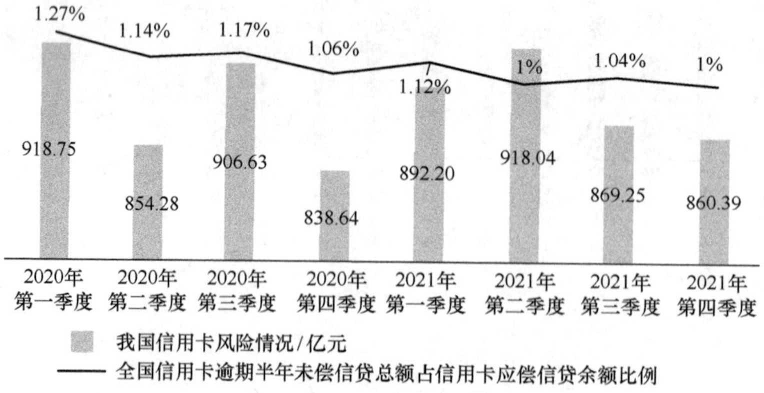

图 1-2　我国信用卡风险情况

从个人征信市场规模来看，我国正在积极推进个人征信系统的完善，个人征信系统覆盖的自然人数量正处于稳定增长阶段，日均查询次数也快速提高。中国人民银行征信中心统计数据显示，我国个人征信查询市场规模将逐步提高，年均增速在 20% 左右，预计到 2024 年我国个人征信查询市场规模增长至 440 亿元左右。

② 同期企业信贷规模也在逐年增长。《2021 年金融统计数据报告》显示，企（事）业单位贷款增加 12.02 万亿元。从 2022 年第一季度金融统计数据来看，2022 年第一季度，制造业对应的中长期贷款余额相较于 2021 年第四季度提高了 29.5%，在增速方面相较于其余类型的贷款也增长了 18.1%。与此同时，普惠小微贷款余额相较于 2021 年第四季度提高了 24.6%，而在增速方面相较于其余类型的贷款也增长了 13.2%。另外，普惠小微授信企业达到了 5039 万家，同比增长 42.9%。信贷业务规模的不断增加需要征信体系作为支撑，而新型信贷业务的快速发展，对征信体系的完善提出了更高的要求。

（3）传统征信模式弊端显现

① 传统征信群体覆盖面小，难以满足互联网金融“长尾”需求。金融部门的长尾客户分为长尾企业和长尾消费者两个部分。一般情况下，长尾企业代表了资产规模相

对不大，没有足够多的信贷抵押品，在融资方面存在一定困难的小微企业。长尾消费者代表了没有足够的财务实力，也没有足够的信用信息，经常在申请消费贷款方面受限的群体。

在传统征信模式下，长尾消费者在信息上的不完善及长尾企业普遍存在的信息不对称问题日益凸显。过去一段时间，绝大部分征信数据来源于相关的金融机构，以各种类型的金融交易数据为主，但对并未借贷的长尾消费者而言，金融机构难以收集到他们的信用信息。例如，中国人民银行对存在信贷行为的个人提供能够下载信用报告的平台，然而，不存在信贷行为的长尾“白户”，并不能在该平台中下载任何的信用信息。据悉，2020 年 12 月底，该征信平台共收录了我国 11 亿自然人的信息，其中，不存在信用信息的个人达到 3.5 亿人。由于长尾消费者没有完善的信用信息，很难申请到消费贷款，这制约了消费金融的繁荣发展。

相较于长尾消费者，大部分长尾中小企业不会出现“信用白户”的情况，这是因为，大多数市场化企业有自己匹配的信用信息。然而，这一类别企业的资产规模通常较小，而且鲜有价值较高的固定资产抵押物，因此一般情况下金融机构会对这一类企业的还款能力提出质疑，授信动力不足。从本质上来看，由于双方有十分突出的信息不对称问题，金融部门无法精准评估企业所面临的信用风险。不仅如此，金融机构因为过于信任长久以来的征信模式，所以仅会核查企业自身的资产财务信息，而忽略了这些企业的社交网络信息等。

大数据征信集合了大数据数量庞大、形式多样、形成速度快、价值密度低的特点，覆盖了更广泛的人群，有效应对传统征信所忽视的人群征信问题，有助于为长尾消费者打破金融消费壁垒。

② 数据存在资料来源狭窄、应用场景单一、数据滞后等问题。传统征信在数据源、应用场景、数据时效性等方面存在不足。具体来看，传统征信的信息、资料来源渠道狭窄单一，以银行信贷为主，以其他渠道为辅，并没有覆盖海量互联网用户数据，应用上也多局限于传统的银行信贷融资；多以历史的信用记录对当下的信用状况进行评估，数据存在滞后性，而且难以收集；想收集相关信息，要先得到信息主体的许可，才可以由信息提供单位进行录入，而这些信息从形成到存储，或多或少会存在滞后性。

大数据征信更为多元化，能够从宏观角度入手，对相关信用主体存在的风险进行细致评估，同时，对消费者税务等和授信者信用密切关联的多样化动态数据，也可以进行更深入的交互分析，这一举措切实保障了诸多征信数据的真实性。大数据征信拥有更多应用场景，从金融领域扩展至日常生活，使信用评价趋于生活化与常态化，被广泛应用于网购、住宿、医疗、出行等日常活动中，服务于新兴科技、科研、社会治理等领域。

③“信息孤岛”现象严重。社会信用体系刚刚构建时，金融、海关等相关部门结合实际情况与具体特征，构建了相对独立的信用评价体系，由于这些部门所选用的评级方法有所差异，最后得到的数据非常碎片化，很难实现共享。在“信息孤岛”情况下，数据很难实现共享。

（4）社会信用体系建设亟须大数据的支撑与融合

社会信用体系建设离不开互联网、大数据、人工智能等技术的支撑。以大数据为支撑的信用体系建设能广泛适用于金融服务、社会治理、行政监督、民生服务等诸多领域。近年来，我国在如何构建信用体系方面，相继发布了一系列政策，鼓励支持引导大数据技术应用于社会征信领域，支撑高质量发展。我国发布的“十四五”规划中，强调了构建社会信用体系，认为这一体系的构建有助于促进高质量发展，并明确提出要重点强化科研领域的诚信建设、推动生活性服务业诚信化和职业化发展、强调健全民营企业融资增信支持体系、防范金融系统性风险等。《促进大数据发展行动纲要》等一系列文件也明确了征信建设必须以大数据为依托和支撑，在广度和深度上运用大数据建立信用体系，提高信用评价的全面性、实时性、效率性。

大数据征信通过大数据技术采集、处理、管理、分析多样且海量的信用信息，提取其中的信息价值，以此体现一系列社会主体所关联信用情况的大数据，是信用体系建设的基石。信用大数据可实现决策管理、商业智能预警、风险防控等应用，切实推进社会信用体系未来一段时期的良好发展。

1.2.2 发展现状

下面从我国征信市场格局和场景应用示范两个方面分析我国大数据征信的发展现状。

1. 我国征信市场格局

我国征信市场主要由中国人民银行征信中心和市场征信机构两个部分组成。

（1）中国人民银行征信中心

中国人民银行征信中心专门负责构建征信系统，并确保征信系统的顺利运行，对征信系统进行科学有效的统筹管理。此征信系统能够细致划分为两大类别，即企业信用信息基础数据库和个人数据库。如果从信息资料从何而来的方向入手，这些信息往往源自我国范围内的各大商业银行等相关金融机构，采集的信息涉及与企业及个人相关联的基本信息、借款信息等，同时，还关系到企业的一系列财务指标。在协调机制方面，中国人民银行长期以来和各部门携手合作，尽量拓宽数据采集范围，让其功能更为丰富。自2005年开始，中国人民银行便提高了和各部门之间的信息共享力度。在信息种类上，该系统不再仅限于采集企业及个人所关联的信贷信息，还采集了企业及个人的基本身份信息、住房公积金信息、缴纳电信费用信息等。在信用报告生产方面，在企业及个人的数据库均已采集以上信息之后，征信系统将会结合数据主体分别归纳存储这些信息，将某特定企业与个人的全部信息均进行汇总，得到企业或个人所对应的信用档案，这样企业或个人便能够在相关金融机构中，轻松调取自己的信用报告。

征信相关政策法规见表1-1。

表1-1 征信相关政策法规

2005年8月	中国人民银行建成全国统一的个人征信系统
	中国人民银行发布《个人信用信息基础数据库管理暂行办法》
2005年12月	银行信贷登记咨询系统升级为全国集中统一的企业信用信息基础数据库
2006年3月	《中国人民银行信用评级管理指导意见》发布
2007年3月	相关意见指出，应加速构建信贷征信体系，建立金融业统一征信平台
2013年3月	中国人民银行发布《征信业管理条例》，明确以法律方式规范征信活动
2014年6月	国务院发布《社会信用体系建设规划纲要（2014—2020年）》，做出顶层设计和全面部署
2015年1月	中国人民银行印发《关于做好个人征信业务准备工作的通知》，指出腾讯征信、鹏元征信、考拉征信等8家机构做好个人征信业务的准备工作，准备时间为6个月
2015年7月	我国出台了《关于促进互联网金融健康发展的指导意见》，此意见指出，需要切实推动一系列信用基础设施建设，并鼓励相关机构申请相应的征信业务许可
2015年7月	《国务院关于积极推进“互联网+”行动的指导意见》指出，利用大数据发展市场化个人征信业务，加快网络征信和信用评价体系建设
2015年8月	我国发布《促进大数据发展行动纲要》，提出要推动产业创新发展，培育新兴业态，助力经济转型。推动大数据发展与科研创新有机结合
2015年9月	国务院积极推进征信机构构建相关市场主体所关联的信用记录，同时，鼓励这些机构开设一系列征信服务
2015年10月	中国人民银行发布了《征信机构监管指引》，从相关机构设立的审慎性条件、征信机构保证金、非现场监管和现场检查4个方面设置了持牌条件，此外，还确定了个人征信机构应按其注册资本的十分之一来设定保证金
2018年2月	中国人民银行发布《设立经营个人征信业务的机构许可信息公示表》，许可百行征信公司设立。其设立意味着大数据征信业驶入平稳车道，利用大数据等技术，解决了传统金融征信覆盖不足的难题

续表

2020年12月	国务院致力于构建科学完善的诚信建设长效机制，让失信行为认定更为标准化，同时，促进信息归集与共享，让现有的社会信用体系发展更为深入
2021年9月	中国人民银行发布《征信业务管理办法》，对如何采集、存储各种类型的信用信息给予了相对清晰的界定，同时，对这些信息的安全及业务监督管理等诸多方面进行规定，并且加强了对个人信息的保护，兼顾信息安全和信息合规使用

2020年1月，二代征信系统问世。相较于之前的征信系统，二代征信系统在产品加工及安全防护等诸多环节上，都进行了很好的改进。中国人民银行征信中心公布的个人信用报告内容如图1-3所示，中国人民银行征信中心公布的企业信用报告内容如图1-4所示。

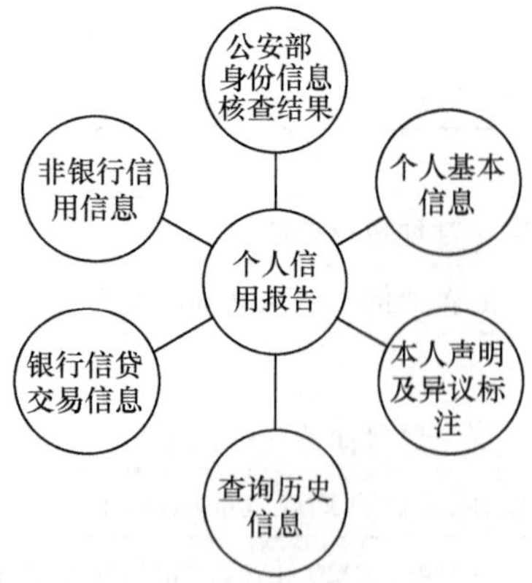

图1-3　中国人民银行征信中心公布的个人信用报告内容

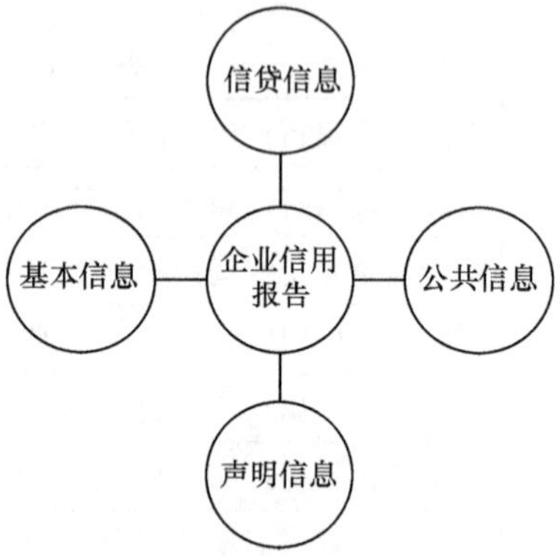

图1-4　中国人民银行征信中心公布的企业信用报告内容

（2）市场征信机构

我国范围内的市场征信机构能够细致划分为两大类别，即个人征信和企业征信，两者都受中国人民银行的管理。当前，个人征信持牌机构只有两家，即百行征信和朴道征信，我国已备案的企业征信机构有136家。

个人征信方面，百行征信是中国第一家获得个人征信业务经营许可的市场化公司，由中国互联网金融协会（36%）与芝麻信用（8%）、腾讯征信（8%）、前海征信（8%）、考拉征信（8%）、鹏元征信（8%）、中诚信征信（8%）、中智诚征信（8%）、华道征信（8%）8家市场机构共同组建。业绩报告显示，截至2020年5月22日，百行征信已经拓展金融机构1710家，签约信贷数据共享机构近1000家，个人征信系统收录个人信息主体超8500万人，信贷记录22亿条。

朴道征信于2020年12月28日成立，并于2021年2月2日在北京正式揭牌。朴道征信注册资本为 10 亿元。其中，北京金控集团持股 35%，京东数科持股 25%，小米持股 17.5%，旷视科技持股 17.5%，北京聚信优享企业管理中心持股 5%。

企业征信方面，中国人民银行官方网站显示，根据公开数据，北京市备案的企业征信机构有35家，占比25.7%；上海市有21家，占比15.4%；广东省有11家，占比8.1%，三地合计占比约为50%。企业征信代表机构有中诚信征信有限公司、益博睿征信（北京）有限公司、爱信诺征信有限公司、深圳前海征信中心股份有限公司、上海华夏邓白氏商业信息咨询有限公司等。从征信服务对象来看，这些征信机构服务对象包括但不限于金融机构、供应链金融、制造业企业、行业协会、学术单位、政府等。从征信应用场景来看，主要征信机构特色应用场景涵盖金融信贷、金融监管、招投标、消费金融、新型社会治理、职场招聘、科研诚信、食药智慧监管、营商环境等社会信用建设的方方面面。从征信方法来看，不同的征信机构针对各自应用场景反馈的数据及企业自家的数据，采用的征信方法、模型是不一样的，主要分为风险监控、关联图、信用分 3 个方面。从征信建模技术来看，大数据信用风险评分模型更多采用神经网络、支持向量机、随机森林、逻辑回归等机器学习算法。

2. 场景应用示范

每一次大数据技术的进步都会带来征信业务的飞跃发展，研究初期为数据自动处理技术，而当前数据挖掘技术已然问世。大数据技术十分科学前沿，对广义征信未来的发展意义非凡。从传统的金融征信场景到新兴的金融市场监管，到科技金融、科技咨询等科技服务场景、科研诚信建设，再到新型社会治理、食药卫生安全监管等，它们从不同角度、不同环节，依托大数据技术有效应对征信方面的问题。大数据技术应用于征信方面，不仅可以处理微观信用风险，还可以支持宏观的金融系统性风险管理、消费市场预测和重大金融决策等。

（1）金融市场监管场景应用

案例 1：深圳市金融风险预警监测中心——三大平台探索

深圳市面临新兴金融机构数量多、涉众金融风险高、地方监管专业人员不足等难题。基于大数据、人工智能等技术，进行科学有效的跟踪监管，建立严密的金融安全防线，健全现有的风险处置机制，成为深圳市加强金融风险监管的不二选择。

在深圳市主要领导的指导下，深圳市金融办自主开发了深圳市金融风险监测预警平台、地方金融监管信息系统两个核心监管科技系统，于 2017 年 12 月 18 日上线试运行。在此基础上，深圳市金融办联合腾讯共同打造了灵鲲金融安全大数据平台。三大平台整合互联网舆情信息、政府行政资源数据、银行资金数据三大类数据进行大数据监测预警，结合非法集资案件风险企业的特征，从资金等三大主线入手，建立科学合理的预警分析模型，在海量企业中识别高风险企业。

① 深圳市金融风险监测预警平台。该平台主要基于云计算技术等，建立了七大子系统，包括金融风险监测预警系统、舆情信息采集平台、线下数据采集平台、案件信息管理系统、举报线索管理系统、数据管理系统和金融风险建模系统，跟踪监控深圳20余万家企业面临的风险情况，实现举报、预警、打击、处置的一体化全流程，指挥各部门联合防范、处置风险。

该平台首创海豚指数，对企业存在的风险进行等级划分并预警，再进行科学得当的处理。首先，该平台通过采集互联网数据、政府内部数据、群众举报数据三大类数据，实时动态追踪互联网公开信息，对接深圳市行政资源信息、公安信息、银行信息、金融办监管系统信息等数据，每日更新数据超过5000万条。其次，通过合规性、收益率偏离、投诉举报、涉众传播、特征词命中五大维度综合评价企业风险，依托知识图谱、文本挖掘等技术，对深圳市的金融企业进行金融风险预判，计算海豚指数，评估企业金融风险等级。

② 地方金融监管信息系统。为解决新兴金融业态无监管系统、无监管数据、风险底数不清的问题，2017年，经深圳市人民政府批准，深圳市金融办在国内率先开发建设了深圳市地方金融监管信息系统，对深圳市小额贷款公司、交易场所等金融业态进行非现场监管，推动地方金融治理由被动向主动监管模式转变。

该平台重点打造了七大子系统，通过备案登记、监管督导、数据报送、数据储存、风险预警、企业评级、协同处置，实现对地方金融业态的日常监管及一企一界面的全息画像。在运作机制上，一是设计了小额贷款企业CAMEL+RR监管评级体系和交易场所FORCE指数，对相应企业开展风险评价。小额贷款企业CAMEL+RR监管评级体系从资本充足、资产质量、公司治理、盈利状况、流动性5类风险指标及服务实体经济、社会责任两类附加指标共7个维度进行评价；交易场所FORCE指数将交易场所分为金融资产类、区域股权类、商品类、其他类，从信用风险、合规风险、管理风险、经营风险4个维度进行风险评价标。二是采用新一代区块链技术，利用VP[1]、NVP[2]的

1 VP（Validating Peer，验证节点）。

2 NVP（Non-Validating Peer，非验证节点）。

分布式管理，以及 PBFT[1] 的共识机制和 CA[2] 的智能合约，确保监管数据的实时报送、不易篡改。

③ 涉众风险探索——灵鲲金融安全大数据平台。2017 年年末，腾讯与深圳金融办正式签署了战略合作协议，依托腾讯安全自研的灵鲲系统及深圳金融办的整合数据资源，联合开发基于深圳地区的灵鲲金融安全大数据平台。

灵鲲金融安全大数据平台重点针对新型网络化金融犯罪行为，充分融合公安、工商、法院、税务、银行、信访等 42 个单位，涉及 300 余万商事主体的近 500 项行政数据，以及腾讯相关大数据，依托数据清洗、交叉对比等方式，有效监测深圳市 25 万余家金融企业。该平台从“基于人工智能的平台识别”“基于数据挖掘的多维度信息关联”“基于知识图谱的平台风险指数计算”“基于涉众人数增长异常规模预警”4 个方面入手，全面监测互联网上活跃的类金融平台；结合深圳市金融办整合的深圳市 40 余个行政管理单位的政务数据，运用多源数据融合技术，实现了对网络借贷、众筹、交易场所、外汇交易、虚拟货币、区块链等 20 余类涉众金融风险企业的预警监测。

案例 2：重庆市大数据监测预警非法集资平台

金信网银辅助重庆市金融办围绕非法集资的监测预警，建设了金融风险大数据中心，扫描重庆 2 万多家金融企业的工商处罚信息等各种类型的数据。

重庆市针对本区域存在的非法集资问题，依托大数据技术，构建了科学有效的监测预警平台。该平台采集了若干数量的数据源，并在计算系统上进行了相对精准的分布式求解，之后，进行数据集成等一系列科学得当的预处理，将各种类型的数据集合为便于进一步深入分析的结构化数据。不仅如此，重庆市金融办还专门对私募、投资咨询等各个行业，依次构建相对完善的预警模型，再依托大数据处理技术 24 小时不间断求解，这样便能够知晓各企业对应的“冒烟指数”，从传播力等多方面入手，深入剖析重点监控企业存在的风险。值得一提的是，该项指数应控制在 0 ～ 100 分，在这一指数相对较高的情况下，企业存在的非法集资风险也会相对更高。当这一指数超过 60 分时，某特定企业存在的非法集资风险极高，相关部门必须予以控制，这时，国家可对其进行约谈整改。

为了切实保障上述模型的精准性，金信网银不仅尽可能利用了自己的跨部门数据

1 PBFT（Practical Byzantine Fault Tolerance，实用拜占庭容错算法）。

2 CA 全称为 Certification Authority，是证书（含有公钥和私钥）的签发机构。

资源，而且结合了云计算技术，还融合自然语言处理技术等技术，对历史上存在的相关案件数据进行了深入探究，总结了数量较多的细分数据项，而后反复训练，持续改进模型的精准性。

案例 3：河南省金融办——非法集资风险网络监测预警综合平台

河南省金融办在河南省电子政务云的基础上，基于云计算、微服务的体系结构等技术，结合互联网数据、社会举报数据、第三方机构等提供的数据和政府数据，建设了集数据采集整合、基础数据管理、监测预警、人工判定、事件处置、数据分析、平台管理等功能为一体的河南省非法集资风险网络监测预警综合平台，构建了新形势下河南省非法集资风险监测预警体系。

该平台的功能分为服务类和管理类。服务类功能分为监测预警子系统、人工判定子系统、事件处置子系统和数据分析子系统。管理类功能分为数据采集子系统、基础数据管理子系统和平台管理子系统。其中，监测预警子系统对河南省涉及金融的企业和机构进行监测预警，利用大数据、机器学习等技术从海量、多维度数据中深挖关键指标和相关关系，依托基础数据库构建六大指标体系，全面构建类金融风险评估模型，对河南省金融企业、金融网站、金融 App、金融项目、网贷平台存在违规和风险的因素进行深度挖掘和处理。

（2）科研信用建设场景应用

想要进行科技创新，科研诚信这一特质必不可少。当前，我国的科研诚信建设不论从制度规范方面来看，还是从监督惩戒角度来看，均有比较突出的成效。然而，综合来看，我国在此建设过程中依然有着部分待优化之处。我国针对这一方面，相继出台了一系列指导文件，例如，2005 年国家自然科学基金委员会制定《国家自然科学基金处理不端行为暂行办法》，从制度上抵制学术不端行为；2014 年由国务院发布的《社会信用体系建设规划纲要（2014—2020 年）》指出，需要加深对教学工作者及科研工作站的诚信教育；2018 年，我国出台了《关于进一步加强科研诚信建设的若干意见》；2019 年，我国发布的相关文件中，明确提出要加强科技计划全过程的科研诚信管理，积极推进科研诚信实现信息化，建立完善的科研诚信系统，规范科研诚信信息管理，加强科研诚信信息共享应用。

科研失信不仅包括科研不端、学术造假等重大失信行为，还应包括科研活动中参与人员和单位的一般性失信行为。目前，科研信用领域的普遍做法是将重大失信行为主体列入黑名单，并在后续的科研活动中对黑名单主体进行限制。当科研工作者在已经背离基本科研诚信要求的情况下，才会被纳入严重失信行为数据库。针对重大失信行为的黑名单机制能够解决科研领域信用的突出问题，但难以覆盖全部的信用问题，例如，在科技计划项目管理中，不按时进行项目结题，项目检查中的项目指标不足等一般性问题。如果想准确、全面地反映科研人员和科研单位的科研诚信情况，需要在包含严重失信行为数据的基础上，借鉴国内商业公司的信用评价模式，建立科研信用信息系统，对参与科研活动多个方面的各类数据进行综合信用评分，即根据不同科研活动的特性设定权重，得出针对科研信用主体的相对全面的参考分值，避免了用单一指标对科研信用进行评价认定的片面性。

为适应新形势下科研诚信和作风学风建设工作需求，2021 年，中国科研诚信网改版完成，正式上线运行。

中国科研诚信网是发布科研诚信和作风学风政务信息，褒扬诚信、惩戒失信、开展宣传教育的重要窗口，是服务科研一线的重要阵地。网站设置“科技要闻”“政策法规”“部门动态”“地方实践”“宣传培训”“他山之石”“案件通报”7 个一级栏目框架。网站由科技部科技经费监管服务中心负责建设、管理、运行和维护，服务于科技界，发布科研诚信和作风学风建设有关的政策制度、经验做法，通报相关案件等，努力营造风清气正的科研生态。

（3）科技创新服务场景应用

在大数据环境下，如何通过多源数据综合集成和海量信息挖掘与分析，促进科技创新资源的高效利用，促使单一领域技术研究转向全领域要素研究，已成为科技创新资源管理与评估、科技创新服务领域关注的热点。目前，我国各省（自治区、直辖市）都在积极建设科技创新大数据综合服务平台，为科技创新提供信息支撑。

案例 4：中投国信——银川市科技创新创业企业精准服务平台

针对科技创新创业企业精准服务应用需求，银川市科技创新创业企业精准服务平台充分运用大数据、人工智能等技术，聚合服务资源，面向银川市 20 多万家企业提供服务，重点面向银川市国家高新技术企业、科技型中小企业、科技“小巨人”企业与科技型小微企业等提供政策智能匹配、科技资源对接、企业自测等服务，探索创新建立政企信息交互与精准施政等决策支撑新模式，增强发展内生动力，助推科技企业发展。

该平台使用的关键技术包括智能标签技术、大数据智能关联图谱技术、科技创新数据交互与治理技术、信用评价技术等。

智能标签技术依托底层企业数据库和政策数据库构建科技企业智能标签体系和政策智能标签体系。

- 科技企业智能标签体系：围绕科技企业特征、竞争能力、财务状况、信用状况、经营风险、公司发展，以及知识产权等维度构建智能标签体系。
- 政策智能标签体系：围绕政策属性、惠企内容、适用对象、特性标签四大维度构建政策标签体系，为政策智能匹配夯实基础。

大数据智能关联图谱技术通过动态关联图谱、关联关系挖掘对科技主体多维度信息关系进行深度挖掘，可直观地审视错综复杂的关联关系，对被分析的主体与存在风险事项的潜在关联性进行关联预警。该技术主要包括企业图谱、关联关系图谱、企业风险分析和区域风险分析等功能模块。

- 企业图谱：以单个科技企业为中心，对企业或个人之间的投资关系、任职关系、股东关系等多类关联关系进行分析，智能化生成企业图谱。
- 关联关系图谱：通过企业关联分析、企业关系探寻，深入挖掘各个科技企业间存在的内在关系，直观展现被分析的企业与存在风险事件和黑名单企业的潜在关联性。
- 企业风险分析：基于企业图谱和关联关系图谱的挖掘，针对该企业及其强关联与中弱关联企业的风险事件、黑名单进行预测、监测及数据钻取，便于监管部门对企业进行更好的评估与风险把控。
- 区域风险分析：基于针对单个企业风险事件及黑名单关联分析，对区域和行业进行整体信用风险预警。辅助政府对于科技领域高发风险事件、区域风险趋势、黑名单区域、行业风险等进行事前预判和重点监管。

信用评价技术是科技创新数据与信用数据关联的关键，通过设计科学、客观、适用的科技企业信用评价指标，围绕银川市企业开展全方位的信用评价。通过企业资质、知识产权、研发费用等科技创新数据与信用数据深度融合，银川市建立科技企业信用档案，基于大数据技术对相关企业绘制对应的信用画像，挖掘数据价值，为科技创新市场主体信用金融服务、“信易 + 应用”等服务提供支撑。

（4）新型社会治理应用场景

中国共产党第十九届中央委员会第五次全体会议从推进国家治理体系和治理能力

现代化的战略高度对加强和创新社会治理提出了新要求。社会信用体系的构建，开始逐步演变为社会治理过程中至关重要的举措。大数据时代亟须运用“互联网 +”思维，将现有的社会信用体系与大数据技术紧密衔接，用大数据思维开拓社会信用治理创新模式。例如，北京国信新网通讯技术有限公司（以下简称国信新网）落实国家关于深化“放管服”改革、建立守信激励、失信惩戒的要求，针对事中事后监管、审批服务便民化、民生领域、民营经济发展信用服务体系建设中存在的问题，积极构建社会信用分大数据平台，开展社会信用分评价，创新“信易 +”应用场景等，帮助国家构建基于信用的有效监管机制，建立共治共享的新格局。

案例 5：国信新网社会信用分大数据平台示范

国信新网社会信用分大数据平台借助大数据、联邦学习等技术，提供社会信用分数据汇聚治理、信用分模型管理、智能化评价、应用可视化等核心功能。其中，社会信用分模型对自然人和企业信用两大主体进行评价。自然人评价方面，可以采集个人社会信用、个人金融信用、个人司法信用等 6 个方面数据。而在企业评价方面，采用“公共信用（1）+ 行业信用（*N*）”的评价模式。企业公共信用评价指标维度综合采集企业经营年限、司法判决、行政处罚等公共不良记录信息、行政奖励、荣誉表彰等良好信息，以及行业评价、年度信用等。基于现有的企业公共信用评价模型，通过嵌入招投标、环保、食品等行业特色评价指标，以满足企业信用评价在行业中应用的需求。

该平台上线以来，应用示范城市已覆盖呼和浩特市（内蒙古自治区）、开封市（河南省）、福州市（福建省）等地级市和陕西省、江西省等省（自治区、直辖市）。社会信用分覆盖人群规模达到 6874.94 万人，社会信用分应用示范场景落地达 17 类。例如，“信易贷”“信易租”“信易行”“信易游”“信易批”“信易医”“信易阅”“信易学”“信易停”“信易付”“信易购”等多元化场景。

（5）医药智慧监管应用场景

目前，大数据技术的应用已存在于民众日常生活的诸多方面，各行各业也越来越重视大数据与智能化的应用。药品监管部门应紧跟时代步伐，主动适应信息时代的要求，探索利用大数据与智能化推进药品监管，实现由管理向治理的转变。目前，在我国医药监管方面，大数据技术得到初步应用，并且已呈现良好的应用成效。

案例 6：陕西药品信用平台

陕西省药监局致力于建立基于信用监管的有效监管机制，持续推进本省的药品信用体系构建工作，以期达到智慧监管的效果，并积极促进服务医药产业实现更深入的高质量发展。

陕西省药监局不断扩大信用监管范围，将药物非临床安全性评价机构等纳入信用监管范畴；持续提高收集多样化信用信息的力度，基于已构建的陕西药品信用平台，完善各种类型的药品、化妆品企业等所关联的信用档案；与此同时，促进相关信息的充分共享，尽可能提升监管效能；持续健全现有的药品与化妆品企业体系，科学评定企业信用等级，结合已有评定结果逐一分类。

1.2.3 存在的问题

大数据征信及智能评估技术存在监管制度体系不完善、信息采集难度大、数据难以充分共享、隐私保护制度不完善、数据处理能力待提升、模型可靠性待验证、现有信用评估预警技术薄弱、信用人才供给不足 8 个方面的问题，具体说明如下。

1. 监管制度体系不完善

整体来看，信用监管的依据以规范性文件为主，部门规章以上的法律法规较少。如今，我国范围内的社会信用体系已搭建了框架，但信用立法难以及时跟进，相比之下比较滞后，尤其在信用信息归集共享、联合奖惩、主体权益保护、评价应用等方面相应的法律法规较为不足。国家层面对信用监管工作多立足于顶层设计，通过相关法律框架构建及国务院行政规定的形式体现，各地方政府则通过地方性法规和规范性文件的形式开展监管活动。

从本质来看，大数据征信技术为前所未有的技术之一，所涉及的监管主体趋于多样化。迄今为止，我国所制定的监管制度体系还有待于进一步优化。即便我国已经发布《征信业管理条例》等一系列规章制度，然而在评估各种类型的信用风险数据时还过于片面。综合来看，大数据征信在监管环节还有所疏漏，且行业自律机构数量较少。

2. 信息采集难度大

大数据已经成为金融机构加强风险控制的重要手段。大数据采集是大数据分析的入口，要想精准预测，需要做到多元性、全面性、及时性、高效性等。大数据的主要资料来自搜索引擎服务、电子商务、社交网络、音视频、在线服务、个人数据业务、地理信息数据、传统企业、公共机构等领域。在实际工作中，如何全方位、全领域采集有效信息，仍是大数据时代面临的一大挑战。在实际采集到的数据中，各类数据样本的分布并不均匀，使某些类型的数据被湮没在海量数据中，影响数据分析结果的准确性。

3. 数据难以充分共享

如今，我国信用信息共享平台正从多方位入手，收集相关信息，并涉及了各个方面的数据。值得一提的是，金融信用信息基础数据库往往收集多样化信贷信息及其相应的其他金融信息。而共享平台主要收集各个部门在工作期间所接触的企业或者个人的信息。需要注意的是，这一平台并没有和我国征信系统相通，因此，即便某市场主体已经在金融方面出现了征信违约的情况，该情况也不会在公共信用信息记录中显示，市场主体的失信行为难以精准约束。

另外，中国人民银行和部分独立的征信机构之间也存在共享不到位的问题。其自身征信系统并未从真正意义上紧密衔接互联网征信系统，绝大多数公共金融信用信息数据依然为前者所把控，独立征信机构很难得到。另外，互联网金融企业出于市场竞争资源的考虑，缺乏信息共享的动力，而各个数据征信企业采用的征信方式与遵循的标准不同，管理体制也多种多样，因此，不少信息数据库各自为战，形成“信息孤岛”，难以彼此对接。各地区平台遵循不一致的标准，接口也有所差异，信息难以相通。这些问题直接影响我国范围内大数据征信的良好发展，也制约了我国范围内征信行业未来一段时期的繁荣。

4. 隐私保护制度不完善

直接影响大数据征信发展进程的两大要素：一是隐私保护；二是数据安全。在大数据技术已经存在于多样化的领域中，获得相对广泛的实际应用时，个人数据呈现集中化态势，同时伴随着对体量巨大的样本数据挖掘和整合。如果征信机构在采集各种类型的信息数据过程中，未契合当下的法律法规，那么信用主体将难以达到理想的隐私保护效果。个人信息应用发展速度较快，而隐私保护只有一些抽象的法律原则性条款，导致个人隐私的边界不断后退，隐私保护的粗放滞后难以适应我国大数据产业的蓬勃发展。总体而言，个人信息保护需要平衡保护个人隐私和鼓励征信行业创新发展的关系，充分发挥大数据征信的内在价值。

5. 数据处理能力待提升

大数据的显著特征表现在 3 个方面：一是数据量大，起始计算量单位至少是 PB，甚至会采用更大的单位级别，例如，EB 或 ZB，导致存储规模相当大；二是数据种类和资料来源多样化，数据呈现的方法较多，可以为结构化等各种类型的数据形态，不仅能够让原本的存储模式难以达到数据时代所提出的各项要求，还导致存储管理更加复杂；三是大数据的价值密度相对较低，数据增长速度快、处理速度快、时效性要求高等特点，如何有效地组织管理、存储这些数据，挖掘更深层次的数据价值成为亟须解决的问题。

然而，当前我国大数据存储、分析和处理能力有待提升，与大数据相关的技术和工具的运用也尚未成熟，大部分企业仍处于IT产业链的低端。如何提高我国对大数据资源的存储和整合能力，实现从大数据中发现、挖掘有价值的信息和知识是当前我国大数据存储和处理面临的挑战。

6. 模型可靠性待验证

我国范围内的绝大部分大数据征信机构，很难得到全面的金融信贷数据，主要采用社交网络、电子商务等与个人信用关联度较弱的互联网数据构建征信模型。一是互联网数据资料的来源广、维度广，但是在数据质量和权威性方面有所欠缺。例如，美国Zest Finance公司并不是完全摆脱传统征信体系，在Zest Finance公司信用评估的过程中，传统征信数据至少要占到30%。缺少传统征信数据支撑，仅仅依靠互联网数据来构建模型评估信用状况，其评估结果的准确性和科学性有待验证。二是我国大数据征信机构掌握的核心数据资源不同，在构建大数据征信模型时采用的数据维度和算法不一样，导致同一个人在不同征信机构得到的信用评分有所差异，大数据征信模型的公信力和可比性容易受质疑。三是与传统征信相比，大数据征信模型要处理多达几千个甚至上万个变量，而且针对不同的应用场景需要开发不同的模型，这使模型更加复杂，降低了评估模型的可解释性。

7. 现有信用评估预警技术薄弱

目前，监管模式还处于事前的集中审查、事中的合规性审查阶段，在技术应用方面也依赖定性分析，主观因素决策所占比重较大，从而导致基于数据化的定量分析方法无法发挥应有的贡献。

8. 信用人才供给不足

大数据征信作为聚集各种新兴信息化技术于一体的新信用业态，是大量高端、复合型人才聚集的技术密集型产业，要求人才拥有较强的业务理解能力、数据资产管理能力、数据处理能力，以及数据挖掘能力等。但我国范围内的大数据征信应用才刚刚开始，相关标准和产业格局尚未形成，开发利用战略尚不清晰，信息共享与信息保护机制有待完善，而且非常专业的征信人才还应重点培养。

1.2.4 技术发展与展望

大数据征信及智能评估技术发展与展望主要有以下 5 个方面。

1. 完善大数据征信法律体系，提升管理水平

我国范围内的大数据征信应用才刚刚开始，顶层设计、法律框架，以及行业发展规范尚未成熟，需要从法律顶层设计、信息共享机制、适度有效监管，以及消费者的隐私保护等维度不断进行创新、发展和完善。从法律顶层设计方面来看，积极推进信用征信关联的法律出台。从制度设计方面来看，为大数据征信提供一整套行之有效的行为规则，围绕信用数据的采集、使用范围、信息披露，以及征信主体、信息主体相关各方的具体权利和义务等维度进行明确规定。从监管水平与管理能力方面来看，中国人民银行等主要监管机构应切实加强对信息主体权利的保护，保障征信机构运行中的信息安全；建立统一的信息主体标识规范、征信基本术语规范，为扩大信息采集范围，促进信用信息共享和应用提供统一的信息技术参考；尽快出台符合大数据征信业发展的监管措施和法律规范；研究层级清晰、结构完善的征信业总体标准和基础类标体系，提高征信标准化工作的适用性和科学性。

2. 建立大数据征信共享机制，强化协调合作

目前，大数据处理共享体系还有待进一步完善，大数据技术难以在短时间内进行科学有效的处理。在此情况下，需要继续改进现有的信息共享机制，切实提升当下各类资源的实际利用率。第一，需要尽快实现数据库与平台的信息共享，整合多方信息，尽可能发挥信用数据的潜藏价值；与此同时，健全信息安全保护制度，尽可能发挥各部门的引导作用。例如，我国需要继续提高大数据治理力度，制定规范化的行业标准。第二，构建科学合理的征信信息安全保护机制，让社会公共利益等要素达到平衡；积极促进信用信息共享，让多样化的信息相通，帮助各方紧密联系。例如，对接征信平台，让征信体系信用数据涉及各行各业。第三，加强关注大数据征信，并促进各个部门携手合作，推动大数据征信领域朝着正确的方向发展。

3. 加强大数据征信产品创新，满足市场需要

鼓励传统征信机构开展技术创新和产品创新。在技术上，加快研究符合大数据征信业务要求的数据接口，深入探究已有模型，帮助研发各种类型的征信产品。在产品创新上，数据规模相对较广，大数据等科学前沿技术发挥了很高的效能。综合来看，其不仅能够知晓各类数据资源所蕴含的价值，而且能够让征信产品更为多样化，并提供身份验证、关联分析等一系列基础服务，关注于金融、政务、就业、食品等多个行业的融合力度，从多个方面着手绘制信用主体画像。另外，支持传统征信机构与时下备受瞩目的互联网公司，取其之长补己之短，携手合作业务。前者擅于采集数据，并细致剖析企业中存在的风险，后者则有数量较多的数据，二者携手合作有助于实现征信产品的复合创新，全面提高征信市场的服务水准。

4. 推动征信业务转型升级，促进差异竞争

未来一段时期，征信行业将充分借助大数据技术的力量，支持征信业发展创新。促进该行业的升级，这将会彰显于以下两个方面：一是借助大数据技术，构建科学合理的风险控制体系，向有效监管转型；二是支持征信机构向精细化管理转变，应让各种类型的征信业务更为信息化，构建科学完善的风险防控系统，尽量规避潜藏风险，有效应对一系列风险问题，拓展征信数据资料来源，优化征信市场格局，推出个性化的产品服务，尽量规避同质化情况的出现，满足不同层次的市场需求。

5. 重视大数据征信人才培养，完善培训机制

政府应支持我国高等院校设置大数据征信相关专业，鼓励培养大数据征信相关的管理和技术人才，支持高校人才进行大数据征信等相关课题研究，充实大数据征信相关专家人才队伍，提高和互联网企业之间的技术合作力度，依托于高校等主体协同培养大数据人才。值得一提的是，我国逐步构建自己的社会信用体系时，信用管理师这一岗位也备受关注。2021 年年末，人力资源和社会保障部发布《信用管理师国家职业技能标准》（2021 年版），该标准完善了信用管理从业人员培训及考务制度，规范了职业技能认定工作秩序，有效推动了大数据征信方面的人才培养。

1.2.5 结语

如今，科技革命悄然来临，产业变革速度格外迅猛，以人工智能、大数据、云计算和区块链为代表的新一代信息技术系统融入经济社会民生，信用和科技之间的结合已经成为必然。未来，征信体系中的数据将不再是传统体系中定期更新的静态数据，而是实时的动态信息，并涉及图片、视频等比较特殊的非结构化数据。区块链、物联网等前沿科学技术逐步获得更深层次的发展，提供了新的发展空间和解决方案。例如，大数据技术的产生和应用为数字经济下的信用体系带来巨大的影响，其海量、低成本与实时、智能等特点，极大地促进了陌生人之间建立互信关系，打破"信息孤岛"，推进数字经济良好性发展。

1.3 信用与社会治理

自党的第十八大以来，我国高度重视社会信用和社会治理的协同发展，社会信用体系备受社会关注，已成为社会治理必不可少的一环。创新社会治理体制为社会信用体系高质量发展提供坚实保障。党和国家的多次会议中指出，优化现有的社会治理体制，改进过去的社会治理方式，尽可能迅速构建更为有效的社会治理体制，这些都标志着我国现代社会治理的新飞跃。

1.3.1 发展背景

《社会信用体系建设规划纲要（2014—2020年）》指出，社会信用体系建设尤为关键，构建社会信用体系，不仅有助于建立和谐社会，而且还可以健全当下的市场经济体制，营造积极活跃的信用环境，切实推进社会发展。

2015年，我国发布了相关意见，并指出各行各业有必要应用大数据技术，实现技术创新，切实提高社会治理、科学决策水平，实现多方位增长。

2016年，在我国出台的相关意见中，提及优化社会治理的基本要求，以及需要积极推动社会信用体系的构建，让各种类型的信用信息得以充分共享，结合我国发布的一系列法律法规，采用信用激励等方式，建立多主体、多地域所制定的失信联合惩戒机制，并切实保障我国范围内的市场主体遵循已经设立的法律法规，恪守道德，诚信经营，确保现有市场秩序不受影响。

2019年7月，我国发布了相关意见，并指出，应恪守我国发布的一系列法律法规，秉承改革创新的基本准则，逐步提高信用监管力度，采用科学有效的监管方式，构建全链条多方位的监管机制，持续提高当下的监管水平，让市场秩序更为标准化。另外，还需要优化当前的营商环境，让其得到更深入的高质量发展。

2020年，我国在相关文件中指出，必须实现我国治理能力的现代化，同时，应构建可实现高质量发展要求的社会信用体系，对其进行科学有效的监管。

2021 年 3 月，“十四五”规划落地，要求健全社会信用体系，完善城乡基层社会治理体系。

2021 年 8 月，我国在相关文件中指出，必须建立法治政府，坚定不移地依法治国，实现治理能力的现代化，不仅如此，各部门还应积极参与诚信建设过程，依托于互联网等技术，坚持恪守我国发布的一系列法律法规，尽可能让治理信息化紧密衔接法治化，改进各部门的治理流程。

2022 年 3 月，我国出台了《关于推进社会信用体系建设高质量发展促进形成新发展格局的意见》，该意见指出，应坚定不移秉持正确的信用理念，选用恰当的信用手段，紧密衔接我国经济的诸多环节，切实提升资源配置效率，尽可能降低不必要的制度性交易成本，并有效预防潜在风险，全面提升我国经济体系效能，营造新发展格局。

2022 年 4 月，《中共中央 国务院关于加快建设全国统一大市场的意见》要求，健全统一的社会信用制度，尽可能发挥行业协会的作用，构建科学完善的政企沟通机制，以实现平台自律、社会监督的多元治理新模式。

1.3.2 内涵与关系

1. 社会治理的内涵

社会治理是政府、社会和个人以信用为基础，对政府的社会管理职能进行自我调整和重新定位，对公共管理权力进行重新分配，形成多主体协同参与社会公共事务的管理过程。多主体协同参与社会公共事务的管理，是社会治理的重要特征。中国共产党第十九次全国代表大会、中国共产党第十九届中央委员会第四次全体会议都明确要求，打造共建共治共享的社会治理格局，健全政府负责、社会协同、法治保障的社会治理体系。

2. 社会信用与社会治理的关系

社会信用与社会治理的关系可以从以下两个方面分析。

（1）社会信用体系是社会治理体制的重要组成部分

社会信用体系是一种旨在解决经济和社会生活中信用信息不对称的机制。社会治理强调政府、社会和居民共同治理并形成良性互动，充分发挥已有的社会力量。这种广泛参与的“治理模式”，有助于激发社会活力、提高社会治理效率，有助于促进社会公平、化解社会矛盾，进而提高社会治理水平。在社会治理中，恪守守信激励及其相应的失信惩戒机制，约束各方主体做出的社会信用行为，对可能存在的信息不对称问题，进行科学得当的处理，尽可能规避不必要的社会风险以及经济风险，确保社会秩序不受影响。因此，对社会治理体系而言，社会信用体系是其不容忽视的组成部分之一。

（2）社会信用体系建设是加强和创新社会治理的重要手段

当前，我国正积极推进经济社会转型。在此背景下，我国范围内的利益主体类别更为丰富，社会组织形式显著改变。构建社会信用体系能够实现社会互信，与此同时，尽可能规避不必要的社会矛盾，属于建立和谐社会的必要手段之一。互联网时代，尤其是近年来，移动互联网时代改变了民众的生活习惯及其相应的行为方式。

这时，以往采用的社会治理方式已经难以适应互联网社会迅速增长的需求，必须从监督、服务模式等方面进行革新，信用体系的构建与任何行业都密切关联。致力于构建信用体系，也切实提升了我国自身的治理能力。

1.3.3 社会治理领域亟须解决的问题

新时代背景下，我国在社会治理方面有了日新月异的改变，从社会管理开始逐步过渡为社会治理，解决问题的能力不断提升，治理手段和工具日益多样化，治理效能不断释放，实现了社会秩序的基本稳定，然而还有一些问题有待进一步处理。

1. 转轨时期信用缺失矛盾凸显，制约了社会治理效能发挥

当前，我国还处在社会主义初级阶段，同时处于全面深化改革开放时期。失信行为在一些地方或者行业时有发生，影响了整个社会资源配置的效率和正常的市场经济秩序。**一是企业财务造假。**“不做假账”是一家企业对社会的基本责任。然而，企业财务造假屡禁不止。**二是部分企业年收入或利润造假。**收入虚构或利润造假不仅损害了企业形象，也带来了严重的消极影响。**三是年龄、学历和科研成果造假。**例如，干部年龄造假，甚至整个履历造假，硕士、博士论文乃至职称评审论文出现侵权等。其他诸如公民个人信息泄露、信息安全得不到保障，这些现象的存在不仅有损于民众的生命财产安全，而且还在一定程度上有损社会主义的形象，破坏社会信用的基础，导致一些地方政府公信力下降，不利于形成善治的社会秩序。

2. 构建新社会格局，对社会治理提出了新的要求

近年来，我国形成几大著名的经济发展区域或经济带，例如，长三角、珠三角、粤港澳大湾区、京津冀等，整个经济社会呈现加速发展和进一步融合的态势，有助于我国范围内的经济循环。社会经济发展的新形势要求社会治理要跟上这种变化节奏，实现“双循环”的新发展格局。要从社会治理角度考虑解决面临的各种问题，例如，随着生产要素的全方位流动，居于其中的劳动力要素的流动性也会不断增强。广大求职者跨市域、省域求职就业越来越频繁，社会人才流动规模会越来越庞大，例如，进城务工人员、大学生和一些科研人员。这样，劳动力得到合理利用，尤其是一些大学生和科研人员找到了施展自己才华的舞台，形成创业的氛围，整个社会劳动力资源的配置效率得到提升。但是，频繁的人口流动也给政府的社会治理带来一定的问题。特别是在人力资源管理和户籍管理等方面，没有相关人员的职业信用管理既无法让用人单位对求职者自身素养（包括该求职者的工作态度、基本技能、敬业精神、诚信度等）全面了解，存在用工风险，也没有达到社会治理现代化的根本要求。实际上，这些现象的背后隐藏着很大的社会治理风险。

3. 创新业态如互联网、大数据、云计算等，对社会治理提出了新挑战

当前，大数据等各种类型的信息技术如雨后春笋般纷纷涌现，互联网经济日益繁荣，不仅如此，互联网金融也备受各方关注，线下销售和传统的银行网点经营受到冲击，电子商务、移动支付等便捷方式已经进入寻常百姓家，网络消费和非现金支付工具与人们日常生活的联系日益紧密。日新月异的经济形态和不断创新的经济方式使人们的生活更加便利，在为社会提供大量新就业岗位的同时，也因为信息的不对称，带来了信用缺失、监管“真空”等问题。要解决好这些问题仅仅依靠传统监管方式已经行不通了，必须优化现有的社会治理方式，才能够有效应对诸多问题。

1.3.4 基于信用提升社会治理的主要措施

在社会治理创新过程中，必不可少的关键一环，即为构建科学完善的社会信用体系。这有助于我国迅速提高自己的治理能力，早日达到现代化水平。为了更好地助力社会治理创新发展，可以从以下方面着手进行改进。

1. 依法依规开展信用建设，构建长效发展机制

社会信用体系的构建可全面提高我国的社会治理能力。在新形势背景下，新型社会治理方式应运用法治思维，坚持创新引领，在法治建设过程中，积极推动理念、制度、机制、方法创新，持续提升社会化、智能化水准，并努力实现对各类风险从被动应对处置向主动预防转变。政府通过创新法治建设、打破“条块分割”、建立信用奖惩联动机制、打造诚信开放环境等方法，创新整合社会信用管理组织结构，做好分类治理、精细化治理、网格化治理和基层社会治理，尽可能降低日常生活的摩擦，以正能量的信用环境实现社会治理过程中的创新。

2. 夯实信用基础设施，健全信用信息平台

社会信用基础设施建设内容包括建设统一的信用规范体系和建设覆盖“两网一库一平台 + N 应用”架构的社会信用信息平台。

一是建设统一的信用规范体系，按照国家信用领域相关标准及法规要求，完善统一的信用信息管理指标体系及其他相关的建设和管理标准规范，便于归集各种类型的信息，实现信息共享与应用，为地区、行业（系统）建立社会信用体系提供技术与标准支撑。

二是构建相应的信用门户网站，网站遵循预先设定的一体化要求而构建，统一宣传多样化社会信用信息，将全部的企业信用资源汇集，为个人用户及企事业机构用户提供“一站式”的公共信用信息查询功能和标准规范、联合奖惩、专项治理、诚信文化及网站导航等功能。

三是结合某地区的实际情况，专门构建相应的信用信息共享平台，在此平台中，可查询守信激励与各种类型的信用业务，并能够实现信息共享，还普及了我国发布的诸多法律法规，便于用户查询相关标准。

四是建设信用移动终端，建设信用移动 App 和公众号，针对管理员、政务用户和公众用户等的不同应用需求，提供信息发布、信用查询、信用公示和在线交互服务等功能，从而扩展信用服务公众的渠道。

五是建设联合惩戒服务系统，包括联合奖惩工作展示、联合奖惩业务管理、联合惩戒协同服务、联合激励协同服务和联合奖惩可视化分析。

六是建设信用信息归集上报系统，实现跨部门、跨系统的数据采集、数据评估、数据汇总。

七是建设数据治理系统，对信源数据进行采集抽取、清洗转换、自动比对处理，得到规范化的信用信息资源库，并通过分类梳理形成信用信息主题库，为各信用业务

系统提供全面的数据支撑服务。

八是建设城市信用监测系统，梳理信用示范城市评估指标，收集信用体系建设情况，依据综合分析结果，指导落实各项信用建设的工作，完善信用体系建设，提升区域信用排名。

九是建设大数据分析系统，基于共享平台的作用，即能够归集多元化信用信息资源，通过深度挖掘和分析，探索信用大数据专题分析应用，生成可视化的企业画像和全方位的信用综合报告，为政府提供业务支撑与决策支持。

十是建设公共信用服务平台，针对各类信用主体（企业法人、事业机关、自然人等）的信用档案、信用评价和信用报告综合配置与管理，支撑各种政务信用和公共信用的应用场景。例如，政务信用服务中的行政审批、分类监管、招投标、政府采购等，公共信用服务中的公共交通、公共租赁、医疗服务等。

3. 创新型信用监管机制，实现跨部门、全流程监管

《国务院办公厅关于加快推进社会信用体系建设构建以信用为基础的新型监管机制的指导意见》指出，构建全链条多方位监管机制。根据信用监管工作要求，采用分步实施方式推进信用监管工作落地，结合国家发展改革委等相关部门，联合拟定信用监管标准，建立信用监管支撑系统，采用先开展信用监管工作绩效考核，再开展重点行业信用监管，最后实现跨部门协同监管。

一是构建科学完善的信用监管机制。必须从多方位入手，制定相对全面的信用监管标准，以此归纳各部门所对应的权责清单，围绕各个行业领域，梳理信用承诺清单、信用监管事项清单、信用监管措施清单，对事项进行汇聚、管理、更新、统计等，规范监管事项的发布、运行，实现监管事项的动态化、标准化管理。

二是开展信用承诺。积极推广信用承诺制度，在官方网站公开披露相关信息，做到“全覆盖、样板化、入记录、广公示、问效果”。监管主体履约也需要纳入现有的信用记录，以便在后期进行监管。

三是开展分类分级监管。关注公共信用综合评价结果，对相关监管主体对应的信用依次评级，再有针对性地进行监管，结合信用等级的高下，对其依次采取恰当合适的监管举措。选取市场监管、环保、交通、建筑等重点领域，开展信用分级分类监管试点，并根据试点情况逐步扩大监管范围。

四是推进信用报告应用。在政府采购、招投标、重大项目审批、财政资金支持等

政务领域开展信用报告应用，将信用报告作为政府管理领域的审查材料之一，尽可能发挥信用在经济运行过程中所发挥的调节作用。

五是深入开展失信联合惩戒。将信用信息查询功能嵌入政务服务办事平台，在审批和监管工作流程中进行联合奖惩信用查询，做到“逢办必查”。

4. 深入拓展信用应用，推进惠民便企服务

按照国家发展改革委的要求，依托信用记录、信用评价、守信“红名单”、奖励表彰等信息，重点在政务、社会、商务、金融等领域创新拓展“信易+”守信激励应用场景。一是在政务领域，对完全契合预先设定的条件，需要开设“绿色通道”，同时信用承诺也完全满足审批条件的行政相对人，可以采用“先办理后补交材料”的方式，这样也便于诚信主体申报。二是在社会领域，可“先享后付”，民众不必再耗费多余的等待时间，例如，在医院可以“先诊疗后付费”、在旅行途中可以“先享后付”，相关机构还可以在合同签订等方面进行信用互查，这项举措可以有效应对信息不对称的问题。另外，我国相关部门还有必要对医护工作者、教学工作者等群体专门构建相应的信用库，将有悖于行业准则的个人，均纳入信用库中，切实保障公共信用评价结果。三是在商务领域，建立信用数据授权通道，加速双方信息核实。四是在金融领域，切实推进银信互动、鼓励担保机构基于科学客观的公共信用评价，向数量较多的中小企业提供融资方面的担保服务，与此同时，鼓励我国范围内的金融机构基于现有的评价情况，为这些企业提供有针对性的资金信贷产品，为已经达到预设条件的企业给予各种类型的融资便利服务。

5. 开展诚信宣传推广，保护信用主体权益

一是开展诚信宣传活动。依托信用门户网站、微信公众号、信用 App 等信用平台和终端，充分利用报纸杂志、广播电视、主要新闻网站等各类媒体，通过线上线下相结合的方式，举办相应的宣传活动，例如，“诚信建设万里行”、论坛、诚信企业创建活动等，积极宣传信用方面的一系列政策，营造积极向上的诚信氛围。**二是开展信用培训活动。**重点针对非信用领域工作人员等，围绕政务诚信、社会诚信、商务诚信、个人诚信等诚信建设工作的相关要求，组织召开信用培训活动，引导全社会树立诚信意识，培育诚实守信的社会氛围。**三是提供信用修复服务。**秉承保护原则对信用修复申请进行严格审核，采取逐级修复、梯次退出的方式，畅通修复渠道，激发失信主体守信意愿，尽可能帮助失信者进行信用修复，切实保障这一群体的根本权益，让其遵纪守法。

第 2 章

大数据征信及智能评估技术

征信业是以数据为核心资产的服务业，面临业务标准与规范缺失、“征信数据孤岛”现象严重、理论与模型可信性未达成共识、应用范围有限等诸多挑战，需要汇聚融合多源、多模态海量征信数据，研究征信大数据模型、理论、标准与方法，建立跨域融合的智能征信评估预警体系，这就需要研发大数据征信智能评估与开放服务平台，开展跨行业、多场景应用示范，逐步推进信用科技在征信领域的深入应用。

大数据征信智能评估与开放服务平台是大数据征信及智能评估技术的综合体，整合了征信的相关服务，为征信服务提供者和使用者提供了技术与市场平台支撑，将散落在不同领域的单个产品中的信用科技服务集合起来，有效地解决了大多数信用科技服务知名度低、数据信息分散、使用成本高与服务使用者体验差等问题。

本章从宏观角度分析了大数据征信智能评估与开放服务平台的构成要素，包括平台架构和技术架构；从微观角度分析了支撑大数据征信智能评估与开放服务平台的关键技术，包括联邦学习、分布式计算引擎和数据治理。

2.1 大数据征信智能评估与开放服务平台构成要素

大数据征信智能评估与开放服务平台构成要素包含平台架构和技术架构两个部分。

2.1.1 平台架构

大数据征信智能评估与开放服务平台面向征信场景下的各种业务，汇聚不同公司的信用数据，承载不同公司的信用服务，打通不同信用服务之间的壁垒，结合相关的服务场景进行应用示范，改进当下的社会信用环境。大数据征信智能评估与开放服务平台由 3 个关键部分组成，分别为大数据征信开放服务平台、大数据征信智能评估模型引擎、征信大数据中台。大数据征信智能评估与开放服务平台架构如图 2-1 所示。

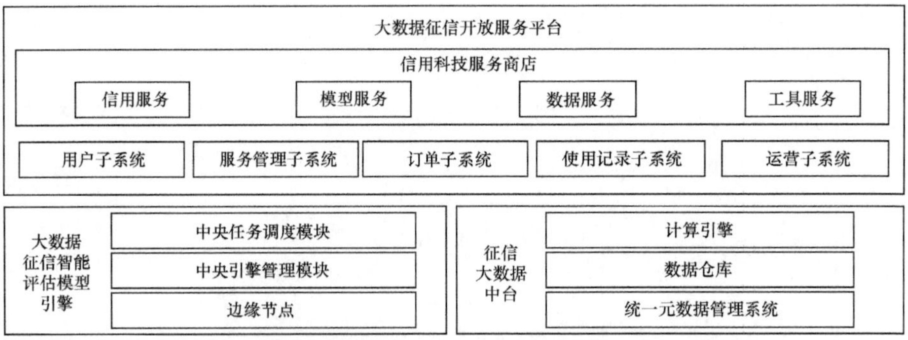

图 2-1 大数据征信智能评估与开放服务平台架构

该平台架构的各个部分的主要职责与功能说明如下。

大数据征信开放服务平台主要负责实现服务发布、服务接入与服务开发等功能，由信用科技服务商店和多个子系统共同承载。其中，服务发布功能由顶层的信用科技服务商店承载，信用科技服务商店面向多种科技服务，包括“信用服务”“模型服务”“数据服务”与“工具服务”等。通过信用科技服务商店，服务提供者能够发布开发完成的信用科技服务，从而对外提供服务并获取收益。平台用户可以在信用科技服务商店内浏览可购买服务的概要信息并购买所需的服务。服务接入与服务开发功能由大数据征信开放服务平台底层的各个子系统承载。大数据征信开放服务平台底层包含 5 个子系统，即用户子系统、服务管理子系统、订单子系统、使用记录子系统和运营子系统。服务提供者通过平台的多个子系统，可以完成多种信用科技服务的开发与接入，并监控已发布服务的使用情况与购买情况。平台用户则可以获取已购买服务的相关使用说明与订单记录等信息。整体而言，大数据征信开放服务平台通过信用科技服务商店和多个子系统向用户提供服务发布、服务接入与服务开发等功能，支撑大数据征信智能评估与开放服务平台的服务部署与业务流程的正常进行。

大数据征信智能评估模型引擎主要负责实现模型搭建、模型训练与分析预测等功能，通过中央任务调度模块和中央引擎管理模块向用户提供模型搭建、模型训练与分析预测等功能，支撑大数据征信智能评估与开放服务平台的模型构建与使用流程的正常进行。中央引擎管理模块负责封装完成机器学习和深度学习所需的框架和引擎，支撑大数据征信智能评估与开放服务平台的机器学习需求，平台用户可以基于封装后的机器学习框架和引擎快速完成模型搭建，方便进行后续模型训练与分析预测。中央任务调度模块负责拆分联合建模任务与分析预测任务并对拆分后的任务进行调度。具体而言，中央任务调度模块需要根据各个节点的资源使用情况拆分任务，使用任务调度算法规划任务调度情况，之后向各个边缘节点的任务调度模块下发任务调度指令，协调各个边缘节点之间的任务交互，保证正确完成建模或预测任务。

征信大数据中台主要负责实现数据分析、数据安全存储和元数据管理等功能，通过计算引擎、数据仓库和统一元数据管理系统向用户提供数据分析、数据安全存储和元数据管理等功能，支撑大数据征信智能评估与开放服务平台的数据安全存储与数据分析流程的正常运行。其中，计算引擎基于计算能力实现数据分析功能，平台用户可以向计算引擎提交自定义的数据分析任务，计算引擎分析完成后可视化地展示数据分析的结果；数据仓库负责提供数据安全存储功能，征信数据大多涉及隐私信息，将征信数据置于数据仓库，可以在数据分析的全流程中提供数据安全保障，从而能够满足数据隐私安全相关的政策与法规要求；统一元数据管理系统负责统一管理各个节点的元数据，平台用户可以使用统一元数据管理系统对自己拥有的数据进行元数据管理，主要包括元数据查看、元数据字段管理、数据源接入等功能。

1. 大数据征信开放服务平台

大数据征信开放服务平台是大数据征信智能评估与开放服务平台的重要组成部分，以安全、实时、高性能为主要特征，具有跨域混合模型计算、复杂征信计算任务调度能力，实时交互实时查询和高维时序数据可视分析能力，征信模型和算法的开放服务能力，平台级安全隐私保护能力。大数据征信开放服务平台整体架构如图 2-2 所示。

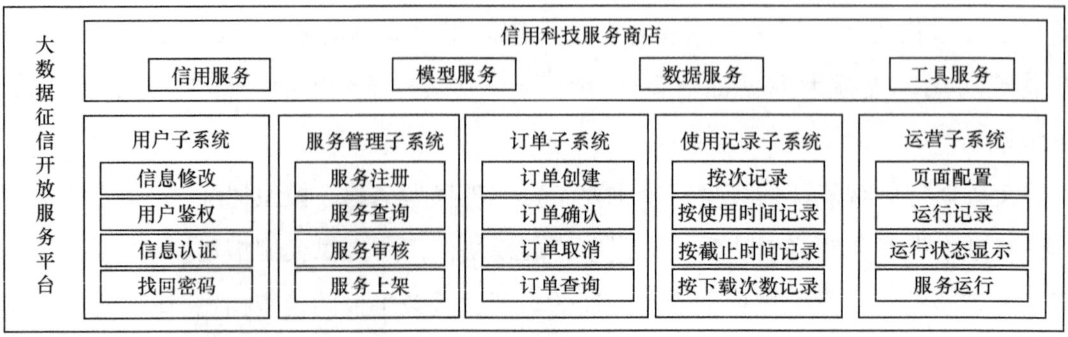

图 2-2　大数据征信开放服务平台整体架构

信用科技服务商店具有汇聚信用科技服务、信用模型服务、信用数据服务等多种服务的能力，向下提供多类型、标准化的信用科技服务接入模式，汇聚跨组织、跨领域的信用科技服务，向上面向多类型的信用服务场景，提炼相关技术标准，形成信用科技服务商店系统。信用科技服务商店包含多种高质量的信用服务及相关服务，可以为使用者提供多维度信用场景下的服务支持和信用服务不同阶段的技术支持，简化服务使用者的业务流程，降低技术壁垒，使信用服务领域实现互惠共荣。

用户子系统作为大数据征信开放服务平台的子系统，提供基础的信息修改与找回密码功能，以提升用户的平台使用体验。用户子系统通过数据库管理使用信用科技服务商店用户信息，包括用户名、加密后的密码存储、实名信息、公司信息等，并确保信息存储使用合规，无隐私泄露风险；通过提供信息认证功能，注册用户完成实名认证后方可在信用科技服务商店中进行服务的购买与使用，且需要完成企业认证后方可进行服务注册与上架，保证服务交易过程中交易双方的互信，降低服务交易的风险；通过使用身份密钥机制以确保服务调用的安全性，用户需要在购买服务时提供自己的身份密钥以完成认证，密钥与用户是一对一的关系，能够确保用户的身份准确，保障了服务资产安全。

服务子系统是大数据征信开放服务平台的重要子系统，主要包括服务注册、服务查询、服务审核、服务上架功能，具体如下。

服务注册是服务管理子系统的基础功能。平台服务提供方需要使用服务注册功能对拟发布在平台上的服务进行注册；平台管理员可以对平台服务进行准入控制。

服务查询是服务管理子系统的基础功能，负责为平台注册用户提供指定类型服务的查询。平台用户可通过关键词模糊搜索、服务类型筛选、应用领域筛选等方式查找指定服务。

服务审核是服务管理子系统的重要功能。平台运营或管理人员需要使用服务审核功能对注册服务进行审核，保证服务的真实性、可用性、安全性。用户在审核通过后，才能在平台进行服务上架，如果用户审核未通过，则会被要求修改服务注册信息，直至通过服务审核。

服务上架是服务管理子系统的核心功能。在服务审核通过后，服务提供方需要使用服务上架功能以在信用科技服务商店中发布服务，之后平台用户方可购买服务，与服务提供方完成交易并使用服务。

订单子系统是大数据征信开放服务平台的子系统之一，负责管理用户的订单，包括订单创建、确认、取消等状态管理功能。订单在服务使用者下单时创建，分为待付款、已生效、使用中、已完成、退款中、已退款等多种状态，对应服务使用中的付款、使用、用尽、售后等多个阶段。另外，为了方便平台用户查看与管理订单，大数据征信服务平台还提供订单查询功能，方便平台用户使用。例如，用户可以根据订单号、服务名、服务提供方等关键信息筛选查看指定订单，以便进行统一的订单管理。

使用记录子系统是大数据征信开放服务平台的子系统之一，负责管理服务的使用情况和服务计费元数据。服务使用情况管理是使用记录子系统的基础功能，针对不同的服务类型，主要有 4 种记录方式，分别为按次记录、按使用时间记录、按截止时间记录、按下载次数记录。4 种不同的记录方式对应不同服务的使用方式与计费方式。使用记录子系统还负责管理服务计费元数据，即各类服务的收费规则，一般由服务提供者在注册服务时定义，信用科技服务商店支持按次计费、按使用时间计费、按截止日期计费等多种计费模式。

运营子系统是大数据征信开放服务平台的子系统之一，负责管理平台服务的运行状态，包括页面配置、运行记录、运行状态显示、服务运行等功能。其中，页面配置功能为服务提供方进行服务介绍和服务详情等页面的配置提供了入口，便于其在服务信息更改时进行对应页面的配置与修改。运行记录和运行状态显示功能则面向服务提供方和平台运营人员，便于随时查看服务的运行记录和运行状态，能够在提供的服务出现异常时及时中断服务运行，在完成服务维护后恢复服务的正常运行。

整体而言，大数据征信开放服务平台由顶层的信用科技服务商店和底层的多个子系统协同构建。顶层的信用科技服务商店则通过多种类型的信用服务为平台用户提供多维度信用场景下的服务支撑和信用服务不同阶段的技术支持。底层的多个子系统主要负责实现多个保证平台安全、实时高性能运行的基础功能，保证大数据征信开放服务平台提供良好的用户体验。

2. 大数据征信智能评估模型引擎

大数据征信智能评估模型引擎是一个保护用户隐私数据不泄露，协调多个参与方联合建模的分布式建模引擎。其体系架构能够匹配实时、高维、多源、异构的征信大数据，与大数据组件融会贯通，结合隐私保护技术，模型过程参数不断交互，将多方的数据联合汇通，当数据还存储于本地时，完成多方联合模型的构建。

在数据方面，征信数据对隐私要求极高，并且在评估中会考虑多种维度数据，大数据征信智能评估模型引擎的边缘节点能够对数据构建标准，进行数据治理，将数据转换为可用于分布式建模的数据集，能够实时存储与提取结构化以及相应的非结构化数据。为保证数据的安全性，边缘节点进行的数据存储选用了科学完善的分布式文件系统（Hadoop Distributed File System，HDFS），可允许在本地数据量不少的条件下，对本地的分布式数据协调计算。通常运行在 HDFS 上的应用具有很大的数据集，典型的征信数据集的大小一般都在 GB 到 TB 级别。另外，该存储系统的分布式备份保证了数据的安全性。

在通信与调度层方面，加密参数数据主要使用gRPC[1]协议，利用Protocol Buffers(谷歌公司开发的一种数据描述语言）灵活、高效的数据格式，其具有操作简单、体积小、比JS对象简谱（JavaScript Object Notation，JSON）传输和解析的速率快、可编译性强等优势，在频繁交互响应要求的场景下非常适用；在指令调用通信中主要使用超文本传送协议（Hyper Text Transfer Protocol，HTTP），多路复用、二进制帧、头部压缩、推送机制等优势使其在模型训练过程中节省带宽、降低传输控制协议（Transmission Control Protocol，TCP）连接次数和中央处理器（Central Processing Unit，CPU）的占有率。中央调度器通过配置领域专用动态脚本语言（Dynamic Script Language，DSL），绘制有向无环图（Directed Acyclic Graph，DAG）任务拓扑编排，将任务按照自顶向下的纵向子任务流调度，隔离任务执行工作进程，便于对各个算法组件过程进行监控。边缘调度器通过基于共享状态的联合调度方法，剥离了资源、作业和调度器之间的紧耦合关系，支持重启、重跑、并行控制、资源隔离等。

在安全与隐私保障方面，通过基础密码学算子支持，实现同态加密、秘密共享、不经意传输等安全组件，保障了参与方之间的可信计算建模环境。另外，该引擎在保证数据可信防篡改时，利用区块链和数据水印技术，防止在模型构建过程中被数据“投毒”攻击，数据合作过程中使用的是不可逆的变换数据，保证模型训练性能稳定，即使没有权威机构监督，隐私数据也不会泄露。该模块的设计核心是对算法通信、隐私安全程度、模型性能三者的综合考量，在保证一定程度的隐私保障下极大地提升了通信效率和模型性能。

在模型构建方面，模型支持以分布式大模型的构建对个性化场景模型进行迁移，其设计核心在于模型的分布式算法可灵活扩充参与方的数据维度。通过多方加密协同训练，支撑高维模型的构建，最终模型分布式地部署在各个设备中，通过高性能在线服务对联合模型结果进行预测。同时，为了保证通用性和对比性，模型的算法库支持逻辑回归、决策树、卷积神经网络等隐私联合算法库，也支持本地Apache Spark MLlib和Scikit-Learn等单节点建模算法库，用于联合建模的性能评估。

在模型应用方面，大数据征信智能评估模型引擎提供开放式资源协作能力，能够让项目需求方、数据提供方、模型构建分析师三者交互合作，共同管控需求模型的建设。针对项目需求方，模型引擎提供数据、模型、应用展示栏，便于需求方能够快速找到

1 gRPC是谷歌公司开发的一款远程过程调用协议。

数据资源和模型团队，模型引擎通过灵活创建项目管理，与各参与方相互合作。其中，针对数据提供方，模型引擎提供节点监控，数据集管理、授权等核心功能，方便数据拥有者在数据并未出域的条件下，将数据调用权分享给其他参与者。针对模型构建分析师，模型引擎为其提供便捷交互式的可视化建模能力，有效利用项目团队的各方资源构建模型。最后，模型引擎借助模型应用程序接口（Application Programming Interface，API）的方式对外提供模型服务。

模型引擎承载多种大数据征信智能评估模型案例，包括社交媒体状态的个人信用评价模型、产业园区企业信用评估模型、互联网金融企业风险监控预警模型、类金融企业风险预警模型、药品企业风险预警模型、企业高成长性评估模型、科研诚信智能评估模型和社会信用分模型等，为大数据征信行业的建设与发展形成类金融、科技、医疗、政务等领域的应用示范。

3. 征信大数据中台

征信大数据中台代表借助各种类型的数据技术，收集并存储相对较多的征信数据，再对其进行求解与进一步加工，同时统一标准和口径。征信大数据中台对数据进行统一之后，会形成标准数据，再对标准数据进行存储，形成征信大数据资产层，进而为客户提供高效服务。这些服务与企业的业务有较强的关联性，是企业独有的且能复用的，是企业业务和数据的沉淀，不仅能降低重复建设、减少“烟囱式”协作的成本，也能提高差异化竞争优势。

从能力的角度来看，征信大数据中台需要具备以下 4 种能力。

一是汇聚整合能力。具体包括数据治理，可以丰富和完善数据，实现对多样的数据源进行合并和完善；管理易用，具有可视化任务配置和丰富的监控管理功能；数据集成运营，管理内部资料来源的数据接入、转换、写入或缓存；数据目录与治理，保证用户可以方便地定位所需数据，理解数据（技术 / 业务治理）；数据安全，确保数据的访问权限；数据可用，确保用户可简便、可扩展地访问异构数据，可用性较强和易用性较高；部署灵活，支撑本地、公有云、私有云等多种部署方式。

二是提纯加工能力。具体来说，需要有能够深入探究数据资产化的能力，建立完善的安全访问控制与完善的数据质量保障体系；具有规范的、紧密结合业务的、可扩展的标签体系，提供面向业务主题的资产平台，实现智能的数据映射能力，简化数据资产的生成。

三是服务可视化能力。提供完善的数据资产服务化能力，例如，丰富的数据分析功能、友好的数据可视化服务，便捷的服务开发环境、实时流数据分析、预测分析、机器学习、模型评估等高级服务，方便业务人员开发数据应用。

四是价值变现能力。提供数据应用的管理能力，数据洞察直接驱动业务行动的通路，跨行业务场景的能力，跨部门的普适性业务价值能力，基于场景的数据应用、业务行动效果评估功能等。

从架构上来分，征信大数据中台自下而上具有数据采集传输、数据存储、数据分析、数据查询与可视化等功能。

① 数据采集传输。针对不同的数据源，征信大数据中台应该具有面向多源异构数据的数据采集能力。常见的数据采集工具有 Flume 和 Logstash。其中，Flume 主要由 Cloudera 公司完成研发，通常可以迅速采集数量较多的分布式日志。值得一提的是，Flume 允许在日志系统中，定制多样化数据并进行传递，不仅如此，还能够采集相对较多的数据，对其进行科学有效的处理。Logstash 是 Elastic.co 公司旗下的一个开源数据采集引擎，能够以动态的形式，统一数据源中不一致的数据，再将其传输至目的地。

② 数据存储。在数据存储上，征信大数据中台具有承载大规模数据的能力，在技术上将 HDFS、HBase、Hive 等大数据存储工具作为支撑。HDFS 属于 Hadoop 当中存在的分布式文件系统，能够给予 HBase、Hive 比较良好的底层存储支持。HBase 运行于 HDFS 之上，其有 HDFS 所欠缺的非常优秀的随机读写能力，因此，HBase 适用于实时分析。一般情况下，HBase 能够在极短的时间内在主机超多行数据内，精准定位相关数据并进行访问。Hive 则为查询语言，可以动态查询多样化静态数据，也允许查询相关的结构化语言。结构化查询语言（Structured Query Language，SQL），能够被编译为 MapReduce 程序，此时，开发人员不需要再编写 MapReduce 程序了。

③ 数据分析。在数据分析上，征信大数据中台通过 Spark 批处理引擎、Flink 流处理引擎来针对不同的场景进行分析处理。相较于 MapReduce，Spark 作为典型的内存计算引擎之一，能够将各种类型的数据存于内存，一直持续至求解出最终结果，再将这一结果写入磁盘，因此，在多次运算时其速度极为迅猛。Flink 是一个批处理和流处理结合的统一计算框架，其核心是一个提供了数据分发及并行计算的流数据处理引擎，适合低时延的数据处理场景。例如，高并发 Pipeline 处理数据，时延为毫

秒级，并且具有可靠性。

④ 数据查询。征信大数据中台需要提供联机分析处理（Online Analytical Processing，OLAP）级别的数据查询能力，具体而言可以划分为以下 3 类。

一是 HBase 做预聚合。例如，Opentsdb、Kylin 等均须指定预聚合指标，在数据接入时进行聚合运算，适合相对固定、维度较多的业务报表类需求。

二是基于 Parquet 做列式存储。例如，Presto、Drill、Impala 等，基本是基于内存的并行计算，Parquet 系统能降低存储空间，提高输入 / 输出（Input/Output，I/O）的效率，以离线处理为主，很难提高数据写入的实时性，超大表连接（Join）支持不够好。

三是基于 Lucene 做外部索引。例如，ElasticSearch 等能够满足的查询场景远远多于传统数据库存储，但对于日志、行为类时序数据，所有搜索请求行为必须搜索所有的分片，另外，需要注意的是，其对于聚合分析场景的支持能力不强。

2.1.2 技术架构

征信大数据中台的技术架构采用微服务架构。

单体微服务开发采取前后分离式开发体系，前端开发采用 VUE 开发框架，后端开发采用 Spring MVC 开发框架。微服务开发体系如图 2-3 所示。

VUE 是一套用于构建用户界面的渐进式框架。与其他大型框架不同，VUE 被设计为可以自下向上逐层应用。VUE 的核心库只关注视图层，通过简单的 API 提供高效的数据绑定和灵活的组件系统。该框架遵循通用模块定义（Common Module Definition，CMD）规范，并且提供一种软件架构设计模式（Model-View-View Model，MVVM）和一个组合型组件系统，具有简单的、灵活的 API。该框架继承了 React 的虚拟文档对象模型（Document Object Model，DOM）技术和 Angular 的双向数据绑定技术。

NPM[1] 是 JavaScript 运行期间，NodeJS 的默认程序包管理器。NPM 主要由两个部分组成：一是用于发布和下载程序包的命令行界面（Command-Line Interface,CLI）；二是托管 JavaScript 程序包的在线存储库。

Web Pack 是一个用于现代 JavaScript 应用程序的静态模块打包工具。当 Web Pack 处理应用程序时，它会在内部从一个或多个入口点构建一个依赖图，然后将项目

1 NPM 全称为 Node Package Manager，是一个 NodeJS 保管理和分发工具。

中所需的每一个模块组合成一个或多个包（bundles），它们均为静态资源，用于展示具体内容。

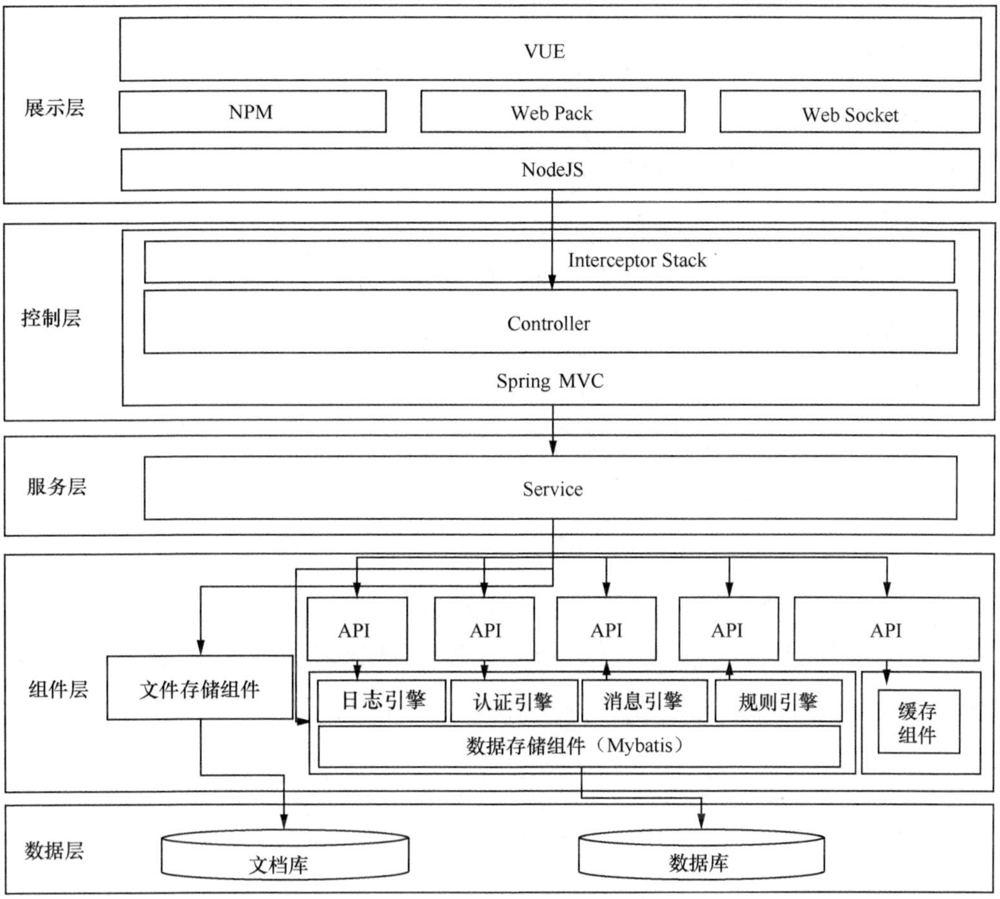

图 2-3　微服务开发体系

Web Socket 是一种网络传输协议，可在单个 TCP 连接上进行全双工通信，位于应用层。Web Socket 可以使客户端和服务器之间的数据交换变得更加简单，允许服务端主动向客户端推送数据。当处于 Web Socket API 中，浏览器和服务器只需要完成“一次握手”，二者之间就可以建立持久的连接，并进行双向数据传输。

NodeJS 极具开源特性，为 JavaScript 运行期间的环境，其有着典型的跨平台特征，以 V8（谷歌开源的 JavaScript 和 Web Assembly 引擎）执行代码，并能够借助事件驱动等相关技术显著提升性能，还能够提升应用程序的传输量和规模。

Interceptor Stack 是拦截器栈，就是将拦截器按一定的顺序连接成一条链，在访问被拦截的方法或字段时，拦截器会按其被定义的顺序调用。

Spring MVC 是 Spring 提供的一个基于“模型—视图—控制器（Model-View-

Controller，MVC）”模式的轻量级 Web 开发框架，其角色划分清晰，分工明确，并且和 Spring 框架无缝结合。在 Spring MVC 框架中，Controller 承担控制器的职责，用于接收请求，调用相应的 Model 进行处理，处理器完成业务处理后返回处理结果。Controller 调用相应的 View 并对处理结果进行视图渲染，最终客户端得到响应信息。微服务开发体系中的具体描述如下。

展示层负责大数据中台的操作、导航和数据展示，不涉及业务逻辑，展示层只对一些基本的数据格式进行验证，例如，对日期、数字格式等进行验证。

控制层负责平台具体业务功能的实现。控制层调用服务层来具体呈现其功能。

服务层是应用层和组件层的边界，它获取和返回数据传输对象，然后将数据传输对象转换为合适的领域模型，由应用层负责数据结果的组织。每一个通过服务层暴露的服务可整合其他服务和组件。服务层屏蔽了组件层的实现细节。

平台的业务逻辑以组件方式进行封装，组件层以方便组件独立升级和减少不必要组件之间的交互为基本原则，通过一定程度的组件分离，实现组件重用。

征信大数据中台和智能评估模型引擎底层是数据层，由存储、资源和任务调度、分布式计算、消息中间件、日志、实时分析与交互式查询、服务发现和安全管理等大数据组件构成。大数据组件如图 2-4 所示。

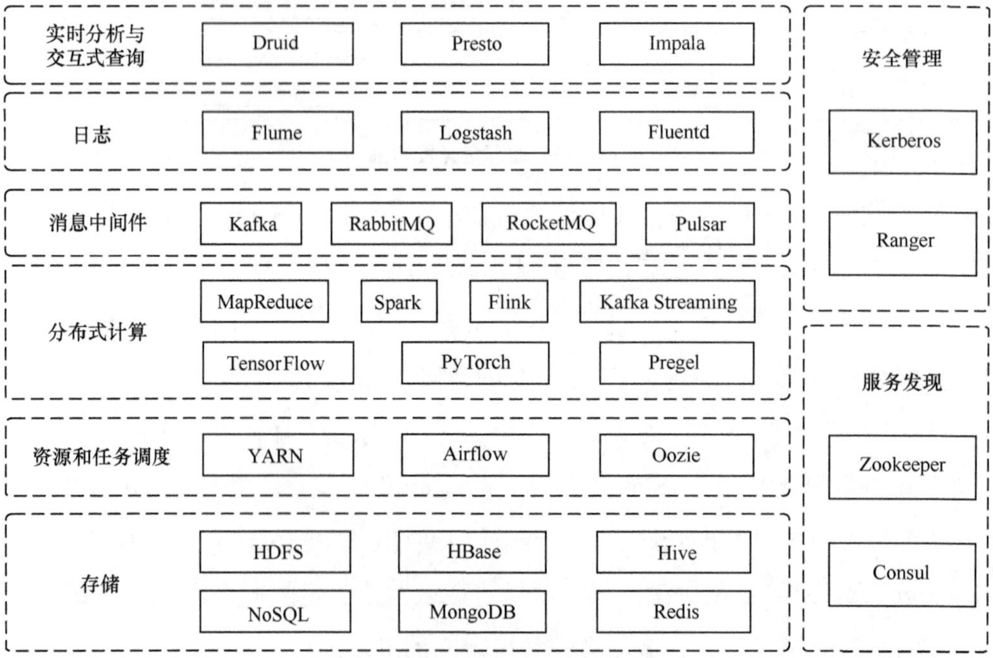

图 2-4　大数据组件

在存储组件中，往往会选用 HDFS、Hive、MongoDB 等相关部分。

① 分布式文件系统是一种允许文件通过网络在多台主机上进行分享的文件系统，可以让多台机器上的多用户分享文件和存储空间。其设计架构是一个主 / 从体系结构，从最终用户的角度来看，它就像传统的文件系统一样，可以通过目录路径对文件执行创建、读取、更新、删除等操作。其组件功能主要面向大型文件存储，不适合实时交互性很强的应用场景，也不适合存储大量小型文件。

② 列式数据库 HBase 是一个针对半结构化数据的、开源的、多版本的、可伸缩的、高可靠的、高性能的、分布式的和面向列的动态模式数据库。与传统关系型数据库不同，HBase 采用了 BigTable 的数据模型增强的稀疏排序映射表（Key/Value）。其中，键（Key）由行关键字、列关键字和时间戳构成。这种设计的目的是能存储并处理海量数据，只需要用普通的硬件配置，就能够处理上千亿的行和几百万的列所组成的超大型数据库。

③ NoSQL 是当下使用较多的非关系型数据库之一。其往往选用和键值、文档相似的一系列非关系模型。该数据库的存储不需要固定的表结构，每一个元组可以有不一样的字段，每个元组可以根据需要增加一些自己的键值对，因而不会局限于固定的结构，可以减少一些时间成本和空间。以上特性使 NoSQL 在大数据存取上具备关系型数据库无法比拟的性能优势。

④ Hive 是一个由 Facebook 公司（现已更名为 Meta 公司）开发构建在 Hadoop 上的数据仓库框架，可将结构化的数据文件映射为一张数据库表，并且支持 SQL 查询，这一功能可有效规避在写 MapReduce 程序时，细致剖析相关数据的环节，因此，这使分析数据更容易。Hive 语句最终会生成 MapReduce 任务来计算，不适用于实时计算的场景，更适用于离线分析。

⑤ MongoDB 是一个文档数据库，其数据结构由字段和键值对组成。它能够基于分片创建数据区域，减少了数据库系统上的 I/O 操作，并提供高效的索引机制，从而可对数据高效查询。

⑥ Redis 是完全开源的，遵守 BSD 协议[1]，是各方面性能极佳的 Key-Value 数据库。该组件支持数据的持久化，可以将内存中的数据保存在磁盘中，重启的时候可以再次加载数据并进行使用。Redis 支持简单的 Key-Value 类型的数据，提供列表、集

1 BSD 协议是一个给予使用者很大自由的开源协议，使用者可以使用、修改源代码，也可以将修改后的代码作为开源或专有软件再发布。

合、哈希等数据结构的存储，还支持分布式数据备份，基于主从结构可以切实保障数据的安全。

在资源和任务调度层中，主要使用 YARN、Airflow 和 Oozie 等组件。

① YARN 全称为 Yet Another Resource Negotiator，即另一种资源协调者，是一种 Hadoop 资源管理器，能够给予上层应用比较全面的资源管理。YARN 的引入为集群在利用率提升、资源统一管理和数据共享等方面带来巨大的好处。

② Airflow 是一个使用 Python 语言编写的编排、调度和监控工作流的平台。该组件是通过有向无环图（DAG）来管理任务流程的任务调度工具，不需要了解业务数据的具体内容，只需要设置任务的依赖关系即可实现任务调度。

③ Oozie 是一个基于工作流引擎的开源框架，可以对 Hadoop MapReduce 任务进行协调。该框架定义了控制流节点和动作节点，可以将多个任务按照一定的逻辑顺序组合起来运行，可支持 Java、Streaming、FS（Hadoop File System 操作）、Ssh、Shell、Email 和 Distcp 等任务操作编排。

在分布式计算层中，主要使用 MapReduce、Spark、Flink、Kafka Streaming、TensorFlow、PyTorch 和 Pregel 等组件。

① MapReduce 是一种由 Apache 基金会开发的分布式计算模型，主要用于处理大量数据的计算。其中，Map 对应数据集上的独立元素进行指定的操作，生成键值对形式的中间结果，Reduce 则对中间结果中相同键的所有值进行规约，以得到最终结果。

② Spark 是加州大学伯克利分校 AMP（Algorithms，Machines，People）实验室开发的通用内存并行计算框架。Spark 有内存计算功能，把中间结果放到内存中，带来了更高的迭代运算效率。基于支持 DAG 的求解编程框架，Spark 减少了迭代过程中数据写入磁盘的需求，提高了处理效率。

③ Flink 是一个高效、分布式、基于 Java 实现的通用大数据分析引擎，它具有分布式 MapReduce 一类平台的高效性、灵活性和扩展性，以及并行数据库查询优化方案，它支持批量和基于流的数据分析，而且给予了以 Java 、Scala 为基础的 API。

④ Kafka Streaming 提供的是一个基于 Kafka 的流式处理类库，相比于主流的 Storm、Spark Streaming、Flink 等库，其优势在于轻量，不需要特别指定容器资源等，非常适合一些轻量级的 ETL[1] 场景。

1 ETL 指 Extract、Transform 和 Load，数据的抽取、转换和加载。

⑤ TensorFlow 是一个由“谷歌大脑”开发的第二代机器学习开源软件库，主要用于各种感知和语言理解任务的机器学习。其底层核心引擎由 C++ 实现，通过 gRPC 实现了网络互访、分布式执行。

⑥ PyTorch 是一个由 Facebook 开发的机器学习开源软件库，其主要提供多维张量数据结构和自动求导机制，能够简化机器学习模型的构建流程，加快模型工程师的开发效率。

⑦ Pregel 是谷歌 2009 年对外公开的图计算架构，主要用于解决无法在单机环境下计算的大规模图论计算问题。其优势在于图结构分区计算、主从模型任务调度和管理、高通信吞吐量的消息缓冲和高容错的备份恢复等。

在消息中间件中，主要使用 Kafka、RabbitMQ、RocketMQ 和 Pulsar 等组件。

① Kafka 为当下推崇的流处理平台之一，极具开源特性，以 Scala、Java 语言进行编写。这一项目设立的目标如下：为科学得当地处理实时数据提供吞吐相对较高但时延相对较低的平台。值得一提的是，持久化层可以科学地处理流式数据。

② RabbitMQ 是一个由 Erlang 语言开发的高级消息队列协议（Advanced Message Queuing Protocol，AMQP）的开源消息代理软件。它提供了可靠的消息机制、跟踪机制和灵活的消息路由，支持消息集群和分布式部署。它适用于排队算法、“秒杀”活动、消息分发、异步处理、数据同步、处理耗时任务、命令查询责任分离（Command Query Responsibility Segregation，CQRS）等应用场景。

③ RocketMQ 是一个分布式消息中间件，具有低时延、高性能、高可靠、万亿级容量、灵活的可扩展性等特性。它主要由 4 个部分组成，即名称服务集群、Broker 集群、生产者集群和消费者集群，主要解决应用解耦、异步消息、流量削峰等问题。

④ Pulsar 是一个支持多租户的、高性能的、分布式的 Pub-Sub[1] 消息系统，是 Apache 软件基金会的顶级项目。Pulsar 提供非常低的消息发布和端到端的时延，保障消息可靠传递“零丢失”，同时提供一个用于流数据处理的无服务器轻量级计算框架。它提供实时消息传递、实时计算和可扩展的存储三大核心功能。

在日志组件中，主要使用 Flume、Logstash 和 Fluentd 等组件。

① Flume 是一个分布式的、可靠的高可用系统，主要用于将大量不同源的日志数据高效地收集、统计、搬迁到一个集中存储仓库。Flume 的核心架构包含了消费外部数据源、缓存通道和输出组件。

1 Pub-Sub 指发布订阅。

② Logstash 有良好的实时流水线能力，而且拥有极具开源特性的数据收集引擎，能够动态统一资料来源有所差别的相关数据，并将数据标准化到用户选择的目标输出。它提供了大量插件，可帮助我们解析、丰富、转换和缓冲任何类型的数据。

③ Fluentd 是一款开源的具有日志收集功能的组件，主要用于为用户搭建统一的日志收集层。其具有采用 JSON 进行统一日志记录、架构可插拔、所需最低资源判定和内置可靠性 4 个关键核心功能，适合构建清洁、可靠的日志管道。

在实时分析与交互式查询组件中，主要使用 Druid、Presto 和 Impala 等组件。

① Druid 是一款开源的、为实时和离线数据的亚秒级查询设计的数据存储引擎。它主要用于对事实数据进行商业智能联机分析处理（Online Analytical Processing，OLAP）。Druid 可提供低时延（实时）的数据导入、灵活的数据探索（Data Exploration）和快速的数据聚合。

② Presto 是在 Hadoop 上运行的分布式系统，使用与经典的大规模并行处理（Massively Parallel Processing，MPP）数据库管理系统相似的架构。它有一个协调器节点，与多个工作线程节点同步工作。用户将其 SQL 查询提交给协调器，由协调器使用自定义查询和执行引擎进行解析、计划，并将分布式查询计划安排到工作线程节点之间。

③ Impala 是由 Cloudera 公司主导开发的大数据实时查询分析工具，我们可以使用类 SQL 的查询语句，能够查询存储在 Hadoop 的 HDFS 和 HBase 中的 PB 级大数据。它能与现有的 CDH 组件[1]自动集成，支持使用 SQL 查询 HBase、HDFS 等存储系统数据信息。

在安全管理组件中，主要使用 Kerberos 和 Ranger 等组件。

① Kerberos 是一种网络身份验证协议，只包括验证环节，不负责授权，旨在通过使用密钥加密技术为客户端 / 服务器应用程序提供强身份验证。用户只需要输入一次身份验证信息，就可凭借此验证获得票据授予票据（Ticket-Granting Ticket，TGT）访问多个接入 Kerberos 的服务，即单点登录（Single Sign On，SSO）。

② Ranger 提供了一个集中式的安全管理框架，用户可以通过操作 Ranger 控制台来配置各种策略，从而实现对 Hadoop 生态组件（例如 HDFS、Hive、HBase、YARN 等）进行细粒度的数据访问控制。

在服务发现组件中，主要使用 Zookeeper 和 Consul 等组件。

1 CDH 组件是指 Cloudrea's Distribution，including Apache Hadoop，是 Cloudrea 公司的产品。

① Zookeeper 有典型的分布式特征，而且有着开源特性，是极具代表性的应用程序协调服务之一，也是 Hadoop 的核心组件之一。它能够提供一致性服务，并且可发挥配置维护、分布式同步等各项功能。

② Consul 是 HashiCorp 公司推出的开源工具，主要用于实现分布式系统的服务发现与配置。其核心功能包括服务注册与发现、分布一致性协议实现、健康检查、Key/Value 存储、多数据中心等。

2.2 大数据征信智能评估与开放服务平台关键技术

大数据征信智能评估与开放服务平台关键技术主要包括联邦学习、分布式计算引擎和数据治理 3 个部分。

2.2.1 联邦学习

拜占庭将军问题是联邦学习训练过程中无法避免的问题。针对谷歌提出的经典的移动端联邦学习场景，以 Krum 为代表的多种拜占庭鲁棒的模型聚合算法已经取得了很好的效果。这些算法应用于有海量计算节点参与训练的大规模场景，但是在小规模联邦学习中，情况截然不同。相比于经典的大规模场景，小规模网络的节点数量是其千分之一甚至百万分之一。由于节点数量少，每个本地节点被选中的概率大幅增加，甚至会参与每轮迭代。这导致拜占庭节点被选中的概率大幅增加，全局模型面临的拜占庭攻击也更为频繁。恶意节点可以迅速在非凸的神经网络中找出局部最优点，阻止随机梯度下降（Stochastic Gradient Descent，SGD）算法找到全局最优点。

基于历史回溯算法的联邦学习拜占庭鲁棒聚合算法，针对小规模联邦学习训练过程中的中心节点聚合本地节点上传的参数的过程进行优化。优化后的算法分为拜占庭模型检测和拜占庭鲁棒聚合算法两个部分。

拜占庭鲁棒聚合算法利用拜占庭模型检测算法得到可疑节点的信息，去除 t 轮以内可疑节点的所有参数。当存在可疑节点时，本算法将全局模型回溯到 t 轮之前，重新计算最近 t 轮的模型聚合结果。在计算时如果发现可疑节点参与了模型聚合，则将其删除后重新聚合。重复 t 次得到当前迭代的全局模型。拜占庭模型检测算法如图 2-5 所示。

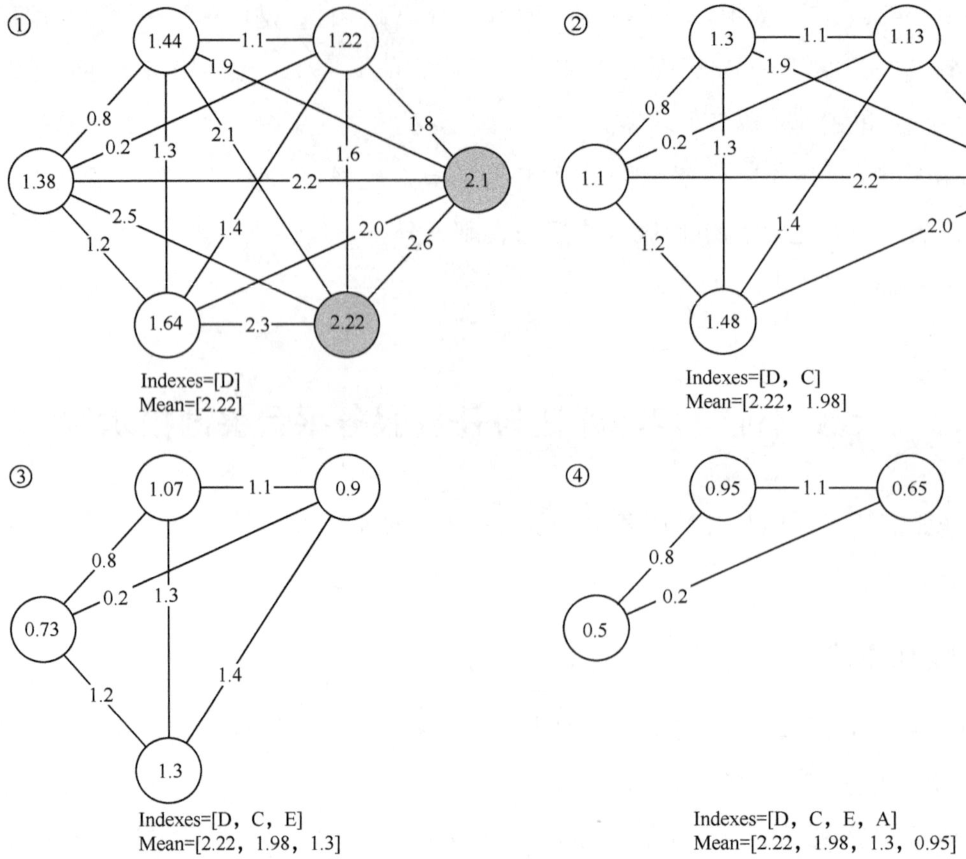

图 2-5　拜占庭模型检测算法

2.2.2　分布式计算引擎

大数据征信场景任务复杂，包含离线任务和实时任务，在资源管理中需要考虑任务性质，我们基于 YARN 设计多队列，分为离线队列和实时队列，提高二者的公平调度性。由于 YARN 默认未考虑队列负载情况，调度策略固定，不利于资源合理化分配，所以我们需要设计基于负载变化的动态调度策略，缩短任务调度时间和任务执行时间。在 Hadoop YARN 中进行资源分配主要包含 3 个步骤：第一步，从根队列开始，根据 YARN 支持的调度策略依次选择非叶子队列，非叶子队列存储的是子队列，而不是真正的任务，进行深度遍历搜索直到选择到叶子队列，叶子队列是真正用来存储具体任务的；第二步，明确好叶子队列后，选择合适的任务，根据 Hadoop YARN 中的任务选择策略，对任务进行排序，最终选择需要调度的任务；第三步，当选择好任务后，选择具体运行的容器（CPU 和内存资源的抽象），YARN 有多种容器选择方式，可以结合多种因素综合考虑，例如按照优先级、本地性等特征进行排序，将合适的容器分配给任务，然后执行。

现有调度器在队列选择策略中的不足之处是配置好的 Hadoop 启动后无法进行修改，不能够随着负载变化做出调整。因此，我们可以根据队列资源竞争情况，使用不同的策略对队列和任务进行选择，使不同类型任务拥有公平调度的权利，而不是单纯地将所有任务放在一个队列中，让其按照固定的调度策略进行调度。基于负载变化的动态调度策略的任务选择流程如图 2-6 所示。

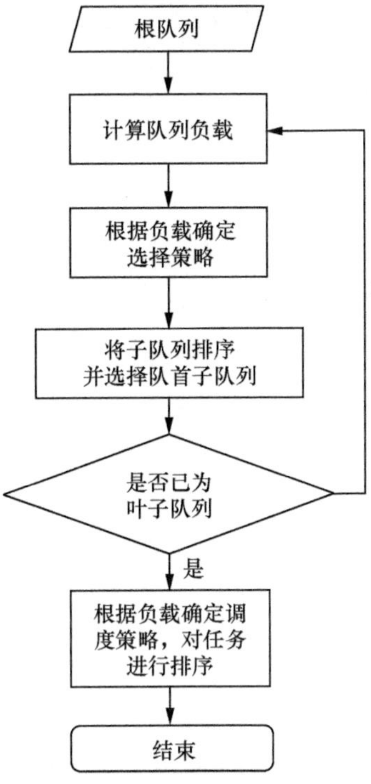

图 2-6 基于负载变化的动态调度策略的任务选择流程

2.2.3 数据治理

数据血缘关系展现了数据在生成和被处理过程中的依赖关系，是进行数据溯源的重要手段。Flink SQL 提供了使用 SQL 编写流处理作业的接口。目前针对 Flink SQL 作业类型进行数据血缘解析的常见解决方案如下。

（1）直接解析的方式

直接对输入的 Flink SQL 语句进行解析，运用通用的 SQL 解析工具进行词法分析、语法分析后，把 SQL 语句转化为抽象语法树（Abstract Syntax Tree，AST），再对抽象语法树中的节点进行递归分析，从而得到数据血缘关系。

（2）源码改造的方式

通过对 Flink 的源码进行改造，利用 Flink SQL 作业解析生成的逻辑计划（Logical Plan）信息，在作业执行过程中插入相关代码，通过调用自定义的血缘解析程序对逻辑计划进行解析，获得数据的血缘关系。

上述的方案均有诸多待优化之处。第一种方案，运用通用的解析工具对 Flink SQL 语句直接解析，而 Flink SQL 中包含 with 语句、用户自定义函数、上下文信息等非标准的 SQL 语句部分，难以发挥良好的解析效果，且缺少对字段和表的元数据校验，血缘分析的准确度不高。第二种方案，采取源码改造的方式，利用经过解析验证的 Logical Plan 获得血缘关系，但是源码改造的方式对 Flink 的入侵性较强，需要改动 Flink 的源码，这导致数据血缘解析功能与 Flink 组件之间的强耦合，影响数据血缘解析功能的独立性和作业执行的效率。因此，我们可以对 Flink 接口进行细致的研究，构建规范合理的血缘分析流程方法，该方法总体分为 4 个步骤，即 SQL 预处理、SQL

解析、元数据验证、血缘信息构建。血缘分析流程如图 2-7 所示。

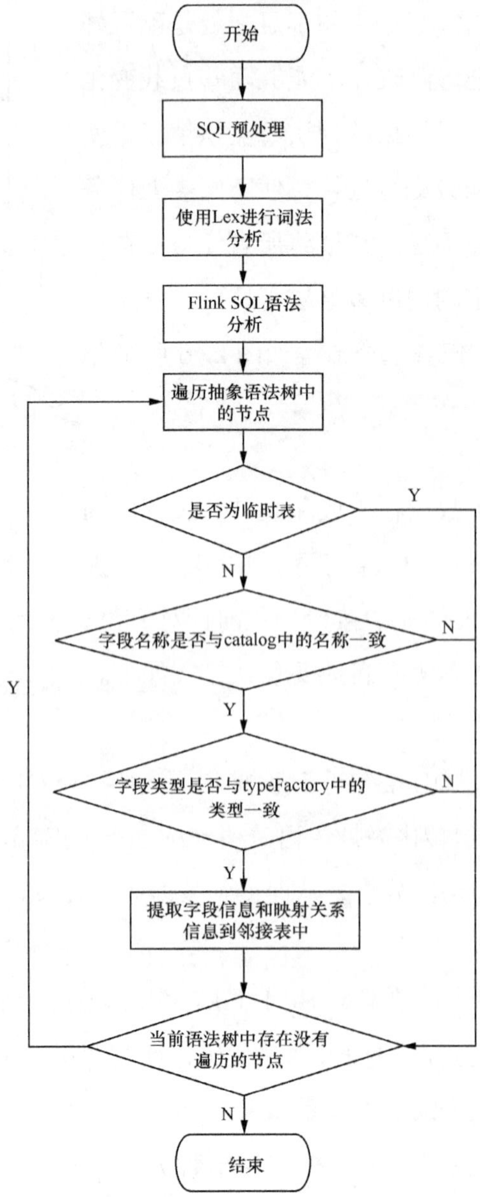

图 2-7　血缘分析流程

第 3 章

大数据征信行业应用案例

3.1 中诚信征信：中小微信贷差异化管理解决方案

在信息时代，科技创新的关键性不言而喻，商业银行必须加快科技创新步伐，提高服务能力，并通过“无感式”服务融入多种生产生活场景中的交易环节，发展科技金融，塑造全新的服务模式。

3.1.1 中小微信贷业务数字化应用背景分析

很长一段时间以来，中小微信贷业务存在难以对风险进行精准控制的问题，不仅如此，这一类型的业务信贷耗费的运营成本也相对较高，而且很难实现规模化。近年来，新冠肺炎疫情影响了数量较多的中小微企业，中小微信贷需求骤增。部分银行依然选用一直沿用的信贷技术，因此在其中小微信贷业务的推广过程中，无法同时实现风险（可控）、成本（可持续）、规模（发展）3 个目标。在要求加大中小微信贷投放的压力下，金融机构只能优先实现低成本和高效率。

当银行业逐步接触金融科技之后，商业银行开始意识到数字信贷技术能够有效应对中小微企业融资过程中的难题。在逐步火热的市场竞争态势下，数字化转型势在必行，而怎样切实提升数字中小微信贷技术能力，也成为各大商业银行处理问题的关键。数字化已成为各大商业银行的战略性部署。

1. 商业银行同质化竞争环境分析

随着国内外金融机构竞争的日益加剧，同质化经营已经成为我国商业银行发展的重大阻碍。怎样有效提升商业银行自身的市场核心竞争力，并优化金融资源配置，形成差异化发展，是现阶段商业银行必须面对与解决的问题。

在我国现有的银行组织体系中，各类商业银行的经营战略是趋同的。无论是各个国有商业银行，还是城市商业银行，都拥有从本币业务到外币业务、从零售业务到公司业务、从各类代理业务到信用卡业务的多元化业务范围，各类商业银行没有明显的差异化核心业务，业务经营同质化现象严重。当下，金融业务服务已经渗透到工业、农业、科技、教育等众多领域，银行业的服务主体数量也与日俱增，涉及的行业越来越广泛。大部分商业银行虽然对客户目标群体进行定位，例如高端客户或者中小微企业等，但在实际业务开展过程中，其定位却是模糊的，涉及行业广泛但不深入。由此造成了大量银行在相同领域展开激烈的市场竞争，加速了成本损耗，造成资源浪费。

（1）地域发展同质化

大型商业银行有着雄厚的资本，而且受到诸多政策的扶持，在全国重点城市及经济发达地区广泛分布网点，不断扩大覆盖面与业务范围。但不少以服务地方经济发展为初衷的中小型商业银行也盲目跟进，在增加本地网点的基础上，大力扩张异地金融市场。

（2）金融产品同质化

金融产品发行泛滥、严重雷同、缺乏特色也是一大问题。在传统金融尤其是传统信贷服务领域，信息、信用、渠道、成本等方面的困境也逐渐显现，金融产品同质化严重，无法以独特优势吸引客户，使商业银行的获客成本大幅提高。同质化金融产品的收益方式大体相似，无法吸引客户，难以塑造产品品牌，当然也很难提高商业银行的核心竞争力。

（3）“低效”同质化竞争严重

传统“存汇贷”业务亟须转型。现阶段，我国商业银行的经营环境面临信贷整体风险上升、居民储蓄增长乏力、表外业务[1]不断被压缩、金融风险上升并且不断显性化等一系列变化。利率市场化的日益扩大，叠加经济下行，企业整体投资回报率下滑，以存贷款利差为主要收入来源的传统盈利模式面临挑战。银行业金融机构净利润增速放缓，不良资产及拨备压力增大，传统“存贷汇”业务面临转型压力，低效同质化竞争严重。

2. 中小微信贷业务数字化发展“瓶颈”分析

（1）建立数字化中小微信贷能力存在较高的技术门槛

对于数字化信贷技术而言，数字风控能力不容忽视，而这一能力同样为金融机构必须迅速培养的能力。在中小微信贷方面，数字技术门槛相对较高，同时，数字风控也并未和消费信贷一样获得相对广泛的实际应用。故而，对传统金融机构而言，尤其对我国范围内数量较多的中小型银行来说，自主研发“数字风控”技术，不仅十分困难，而且需要耗费不菲的经济成本。

一个高效能的数字风控模型，需要兼具“五高”特性，即区分度高、稳定性高、准确性高、可解释性高、敏捷迭代性高，这必须要有足够的建模能力，并深入了解多样化金融业务。

---

1 表外业务是指商业银行不列入资产负债表，但能影响银行当期损益的经营活动。

目前，对于模型的建立存在 3 个误区。

误区 1：模型即是算法。事实上，一个好的模型不仅仅包含了算法。现实生活中，不少看似复杂的模型算法，若并未进行科学得当的应用，那么，不仅无法优化模型效果，反而会出现过拟合的情况，让模型失稳。

换言之，风控建模要能够对算法驾轻就熟，而且要深入了解业务知识，不可以滥用算法。

误区 2：模型即为风控。通常情况下，模型开发过程主要基于一系列历史数据，对客户未来一段时期的表现进行科学合理的预测。但不少模型开发者、工作者在建立模型期间，难以顾及未来一段时期也许会出现的业务变化，因此削弱了模型的适用性，而这种情况十分普遍，不少风控策略工作者在运用模型的过程中发现了这一问题。例如，一旦外部环境改变，那么历史数据的有效性也会大打折扣，难以采集足够数量且满足条件的建模样本；当信贷业务发生改变时，其余业务在设计过程中所遵循的风险逻辑也无法适用；当客群发生改变时，将无法保障历史客户风险特征在未来一段时期可以重演；当行业格局发生改变时，目标客群也许会出现明显偏移。基于上述内容能够得到仅仅基于历史数据所建模型，难以保证模型效果。而风控要先深入了解业务的本质，并辅以更深层次的前瞻性思考，在选择建模样本的过程中，也应当对未来一段时期可能存在的诸多因素予以考量，了解信用与欺诈风险的一般规律，尽可能将模型紧密衔接于相关策略，建立含授信审批、反欺诈策略的全链条体系，在此期间，模型仅可作为其中一环，而并非全部。

误区 3：模型即为中后台。从过去一直秉持的理念来看，金融机构设立的业务部门负责“带节奏”，与此同时，风控部门负责实时把控这一节奏。而当处于新形势背景下，风控部门不再仅仅从事后台工作，还会参与产品设计等过程，在部分环节有了一定的决策权。与此同时，在日益激烈的市场竞争态势下，获客成本逐年攀升，运营存量客户也开始成为银行优先关注的业务发展目标。而对存量客户来说，应当借助数字化手段来提高中后台的运营效果，尽可能提升客户黏性，从而得到更多的收益。

（2）银行对数字中小微信贷技术的认知存在误区

数字信贷技术不可以单纯借助大数据技术来建模。在实践过程中，我们发现很多银行对数字信贷技术有诸多误解之处，具体内容如下。

误区 1：数字信贷技术大多依赖大数据技术来实现。若从内涵方面来看，数字信贷技术作为比较全面的数字化运作体系之一，应当有对应的数字化产品、自动化运营。这一体系包含了大数据技术、云计算技术等，不仅如此，还应深入了解信贷逻辑。

目前，税收、司法等领域正相继投入多样化数据应用的研发过程，虽然在风险控制上比较有效，但依然存在数据造假、数据和主体关联性不强等一系列问题，需要妥善应对。

即便是与税收强关联的数据，也难以被独立使用。国外学者将其称为“替代性数据”，即当处于征信数据有所欠缺的条件下，“替代性数据”可以补充征信数据。

大数据旨在补充现有征信数据，因为数据相对繁杂，在质量方面良莠不齐，所以怎样选择大数据至关重要。例如，当处于下沉客群中，多头借贷数据可发挥极佳的补充效果，而征信数据难以分析这一类别客群的借贷行为，然而多头借贷数据很难对质量较高的客群有效。另外，相较于银行征信来看，这些数据的资料来源、质量明显缺乏标准规范。这一类别的数据也许源自各数据使用方对多样化借贷信息的共享，也许源自客户的借贷短信，数据质量参差不齐。因此，我们还需要关注底层数据形成的基本原理，同时，还应重视数据的合理性、稳定性。

误区 2：得到评分卡即相当于已精准掌握数字风控技术。从本质来看，数字风控的有效工具之一即为评分卡，而策略为怎样对该工具进行高效利用。数字信贷中所用的策略和过去沿用的信贷策略有所不同，也许能够以机床与数控机床之间的精准性差别进行形容。相较于模型开发，策略应更具有灵活性，这代表了风控工作者基于各种类型的数据，尝试深入了解业务的方式，这也彰显了工作者的能力高低。

对数字化中小微信贷技术而言，其往往会将量化策略直接视为风控焦点。对有差别的风险目标，应针对性地设计行之有效的方案，基于多样化分类决策树算法可以实现目标，充分利用工具，让风控工作者能够在业务应用过程中逐步提高自己的能力。

误区 3：仅通过咨询有关项目，想得到突出的数字风控能力。不少商业银行会以项目咨询的方式，来得到已经在其余金融机构中表现出良好应用效果的模型，部分商业银行甚至照搬照抄，不作更改，并认为自身风控能力良好。然而，咨询项目的核心问题在于不必对后期表现出的业务结果负责，而信贷风险也有显著的滞后性。

数字风控必须精准，并且具有有效性，结合客群特征等要素，商业银行可以构建科学合理的评分卡模型。建模并不简单，历史数据必须在同一时间有 X、Y 变量。当前，大多数商业银行没有足够的某一类别客群或产品的两大变量数据，或者其历史数据在治理过程中，无法达到预先设定的模型开发标准。另外，商业银行在其余业务中所秉承的风险逻辑，在变更了业务之后也许无法继续适用，在此情况下，评分卡模型只能作为业务冷启动的基础。但事实上，数字信贷关系到营销、产品、运营等方面，仅仅使用风控系统，无法有效应对业务体系潜在的适配问题，还会产生有了风控技术却没有业务的问题。

即便构建出科学完善的数字信贷运作体系，评分卡模型也有其自身独特的生命周期，在这一生命周期中，要不间断进行监控，并展开科学严谨的验证，构建科学完善的指标体系，才可以对模型监控期间的一系列问题进行科学得当的处理。

误区 4：迄今为止，数字信贷技术并没有经过一轮完整的经济周期。商业银行应意识到信贷风险包括微观、中观和宏观多样化风险。在此之中，微观风险代表了单笔贷款所产生的逾期风险，中观风险主要表现为区域风险等，宏观风险在一般情况下，往往代表经济衰退导致的风险。值得一提的是，数字信贷通常采用的模型策略，大多数仅可以精准把控微观风险，无法对后两种风险进行科学有效的统筹管理。

在三大类别的风险当中，宏观风险关键的特征在于无差别打击，即便这一模型有一定的有效性，然而，该类型的风险会因为资产质量的削弱而随之提升。例如，近年来，各大金融机构选用的模型无论有怎样理想的效果，存量资产还是会或多或少受到影响。如果仅从呈现的风控效果方面入手，这时必须有必要的收紧信贷政策，才可以针对风险进行科学有效的统筹管理。

即便数字信贷技术无法对宏观风险进行科学有效的精准控制，但它能够预先感知，这样可第一时间精准识别系统性风险，并及时筹划行之有效的对策。

（3）信用科技赋能数字化转型

普惠金融近年来开始逐步演变为商业银行青睐的一项业务，对数量较多而且规模不大的商业银行而言，数字化转型是大势所趋。然而，因为基础能力欠缺，资源上显著不足，商业银行如果想要切实提升自己的数字信贷能力，就要先学习各种类型的技术，对多样化数字技术有比较深入的了解，这样才可以统筹布局。

在此期间，商业银行可以选用联合运营的方式，即和相关金融科技公司之间进行长时间的联合实践，结合商业银行当下的实际情况，从获客、产品等多方位入手，全面提升数字信贷能力。

相较于以往所沿用的传统助贷方式，即便商业银行在其自身的联合运营期间，也有或多或少的业务风险，这一部分的风险比较稳定，收益也相对可观，初期选用了联合运营方式的商业银行，现已经可以独立设计自己的产品，另外，还能够向其他银行进行源源不断的技术输出。

一般情况下，数字中小微信贷技术有着不容忽视的技术门槛，因此规模相对不大的商业银行，能够利用牌照来搭建合作平台，借助外力，在极短的时间内培养自身的数字信贷能力。如今，信贷产业的分工更为细致，大部分商业银行采用了联合运营的方式，也引入了当下广受推崇的数字信贷技术，力求在日益趋于白热化的市场竞争态势下占得一席之地。

3. 信用科技构建差异化竞争力

近年来，大数据开始演变为商业银行自身的市场核心竞争力。基于现有的数据，商业银行开始根据数据的类型建模，并研发出独特的产品。商业银行也有独特的核心竞争力。对于商业银行而言，其自身的大数据能力可以体现在诸多方面，然而，大数据思维尤为关键。

（1）数据挖掘能力成为商业银行差异化竞争力的关键因素

如果想要凸显大数据的价值，就要从相对较多的数据中去伪存真，挖掘蕴含价值的信息，而这仅仅凭借专家所积累的经验很难实现，必须依托于多样化的数据挖掘技术，不间断地进行数据挖掘，才可以充分发现数据价值。

数据挖掘能力相对较高的企业，毋庸置疑它的竞争优势也会相对较高。以商业银行为例，实力强劲的银行必然会有若干种差异化能力，并基于这些能力建立战略。换言之，这些银行可以细致分析数量较多的数据，并且由此获得差异化决策。2020 年，《麦肯锡中国银行业 CEO 季刊》中，提到了各行各业应用了大数据的企业在 2011—2020 年的 10 年间所表现出的增长率差异。例如，借助大数据技术的力量来辅助运营的在线零售行业的企业收入显著增长了 24%，与此同时，税前利润也同步增长了 22%，而反观其余竞争企业，这两项数值依次减少了 1% 与 15%；除此之外，在信用卡企业中，借助于大数据技术来辅助运营的企业的收入显著增长了 14%，不仅如此，其税前利润也提高了 9%，反观其余竞争企业，这两项数值依次提高了 9%、减少了 1%。

目前，全球经济增速放缓，跨行业之间的竞争态势日益趋于白热化，客户忠诚度有所下降，银行业的利润也在下降。在此背景下，传统商业银行正迫切寻求转型，希望谋求更高的利润。从过去银行业积累的发展经验可知，要细致剖析客户的真实需求，并为其提供个性化服务，才有可能提升盈利水平，这也能彰显数据挖掘的价值。

将数据挖掘应用于客户细分等方面，会有良好的效果。例如，风险管理环节，一般情况下传统商业银行进行的风险计量，主要以各种类型的客户财务数据而实现，然而这部分数据在质量方面良莠不齐，大数据技术却可以精准识别客户风险。利用各种类型的客户数据，例如，舆情数据等可在第一时间帮助商业银行发现客户的潜在风险，这比以往一直沿用的下户调查，以及单纯研究财务数据的方式更为有效。在银行转型期间，诸多环节均能应用大数据技术。基于现有经验能够得知，不少行业在应用数据挖掘技术后得到了较好的反馈。

近年来，数据挖掘已经在银行客户营销、绩效考核等各个环节，发挥着不容忽视的关键作用，数据应用能力逐步演变为商业银行发展期间的一大助力。大数据技术与商业银行制定的战略转型布局息息相关。

（2）数据正成为大型商业银行的重要战略资产

当前，企业管理开始逐步数据化，这时有必要对各种类型的数据资源进行科学有效的统筹管理，这也是企业在经营过程中所必须关注的内容。如果企业有比较系统的数据，将会在新的竞争条件下发挥优势。如果商业银行有良好的数据资源及剖析数据的能力，那么将能够依托于自身的数据优势持续扩展业务范围。毋庸置疑，商业银行自身的价值及其相应的数据规模和利用相对较多数据的能力，呈典型的正比例关系，通常资金及渠道等相关要素，也需要结合数据资源的实际状况改进配置。由此可知，数据在未来一段时期必然会成为商业银行重视的资产之一。

目前，客户行为和资金流转过程中的决策均为数据，如果商业银行能够仔细分析这些数据，将能够帮助银行创造不菲的价值。与其他资产不同，数据可以持续升值，潜藏价值亟待持续挖掘。未来一段时期，数据驱动型银行必然会获得更为迅猛的发展，这是因为银行会将全部经营活动数据化，结合现有的大数据分析平台，聘请专业性极佳的数据挖掘团队制定极具开源特性的数据共享制度。可以预见，未来一段时期数据驱动会受到各大商业银行的青睐。

从某个角度来看，数据资产关系大型银行未来一段时期的战略方向，由于多样化数据资产所匹配的战略不一致，所以在采用的商业模式方面也会趋于多样化。

（3）大数据价值的实现，关键在于挖掘分析能力

我国绝大多数大型商业银行均已构建了自己的数据仓库，各项工作均能从数据挖

掘过程中获得良好的收益。如今，我国在数据挖掘方面的深度与广度相较于西方发达国家来看还有所欠缺，数据价值并没有得到充分体现。

如果经营部门能够充分利用数据挖掘，将可以满足诸多客户提出的各项需求，并轻松实现产品创新，不仅如此，市场响应速度会更为迅猛，商业银行所具有的核心竞争力也会有所增长。同样的道理，风险管理部门在监测分析环节所遇到的问题，也能够借助数据挖掘来解决，这样便可对风险进行科学有效的精准控制。例如，深入探究客户信用卡潜藏的消费习惯，便能够在恰当的时机，为其推荐心仪的产品信息；而若深入探究某大型企业的财务情况，可在一定程度上了解其上游供货企业所做出的资信行为。

一般情况下，大数据促进了商业银行实现战略转型，这些均为商业银行应用了数据挖掘后所表现出的效果。例如，对于商业银行来说，转型的核心之处是创新，而大数据技术有助于商业银行对市场进行科学精准的定位，并实现业务创新。

大数据技术从以下方面着手，直接影响到商业银行的组织结构等。第一，该项技术没有选用传统价值链，过去商业银行仅关注设计各种类型的产品，再进行销售，现在商业银行开始满足客户提出的需求；第二，为数据驱动的产业链合作，这让商业银行与其余行业环环相扣，切实推进了网络化运营；第三，大数据模糊了企业的边界，这让客户与金融机构工作人员之间的界限更为模糊，改变了企业原本的组织结构，也调节了企业战略。

（4）数据挖掘的核心价值是预测，数据挖掘能力建设的关键是行动

目前，各种类型的移动互联网技术如雨后春笋般纷纷涌现，让数据记录的频率变高，同时范围也扩大了。

商业银行在经营管理方面，需要对相关数据进行科学精准的预测，迄今为止，已经有了不少成功的案例。20世纪末，大通银行采用了数据挖掘技术，基于该项技术构建了操作系统，主要对商业银行按揭贷款进行科学得当的综合评估与处理，对按揭申请人在未来一段时期的还款行为进行精准的预测，这种方式显著减少了商业银行面临的信贷风险。如果我国范围内的大型商业银行能够对个体资产存在的风险进行科学精准的预测，那么其核心竞争力将会有显著提升。

（5）数据资产价值的实现是有条件的，培养大数据思维理念至关重要

除了数据规模，数据资产所蕴含的价值还彰显在关联性等方面。例如，其所含有的适时性，能够精准区分传统数据应用有别于大数据应用之处；而关联也很关键，因为独立数据并不存在价值；在更新频率相对较高的情况下，数据所含有的活性会越高，

这时数据价值就越大，通常情况下，数据活性不低的数据集，会涉及相对较多的信息。如果商业银行希望在大数据方向有所建树，应持续提升数据的这三大特性。

目前，大数据时代已经来临，在此背景下，我们需要利用大数据思维充分挖掘其蕴含的价值。在此期间，商业敏感性必不可少，商业银行必须要有将各项业务紧密衔接起来的多样化数据的思维能力。

3.1.2 信用科技推动中小微信贷差异化管理

信用科技对中小微信贷展开了个性化管理，可以从以下 3 个方面来理解。

1. 信用科技量身打造中小微信贷差异化竞争壁垒

中诚信征信专门构建了中小微信贷个性化管理系统，这一系统存储了科技建设资源等各种类型的资源。中诚信征信在服务银行期间，还与银行的业务工作者、运营工作者等展开了深入交流，并细致剖析银行内部科技系统的构建状态，基于现今前沿的信息技术，中诚信征信专门为银行构建了科学完善的中小微个性化管理系统，可以帮助各大商业银行增强自身的核心竞争力。

如果想要进行差异化管理，需要先进行科学有效的客户关系管理，即对现有客户进行分层。对各类别的客户实施个性化策略，达到极高的转化率。再建立存量客户数据运营体系，其中，涉及存量数据处理、建模平台建设等诸多模块。

中诚信征信借助 App 与相关的合作方引流渠道，将多样化数据进行了汇总，细致剖析并建立了数字化获客模型，辅以行之有效的营销方式，让存量客户实现数字化经营，并找到新的获客增长点，在科学把控风险的基础上，中诚信征信致力于挖掘客户价值，改进现有的数字获客结构。

中诚信征信利用大数据及大数据分析技术，结合金融机构的风控需求及管理制度，为其提供定制化、灵活化的线上实时大数据分析及风控服务。商业银行中小微信贷差异化管理流程如图 3-1 所示。

2. 信用科技助力商业银行从风控到个性化营销的全面升级

信用科技助力商业银行从风控到个性化营销全面升级，主要通过分阶段、分周期的形式服务商业银行。中诚信征信定期跟进和收集使用中小微信贷差异化管理系统的操作人员及其客户群反馈，直接了解实际使用者的核心痛点和需求反馈，同时，通过深入了解需求背后的核心点，快速分析并迭代，提高系统在科技发展中的竞争壁垒。

在构建中小微信贷差异化管理系统期间，中诚信征信连同带动关联系统（例如风控系统、标签系统、企业级客户信息整合系统、核心系统等）的建设升级，从而提升商业银行的整体科技建设水平，加速商业银行的数字化转型。

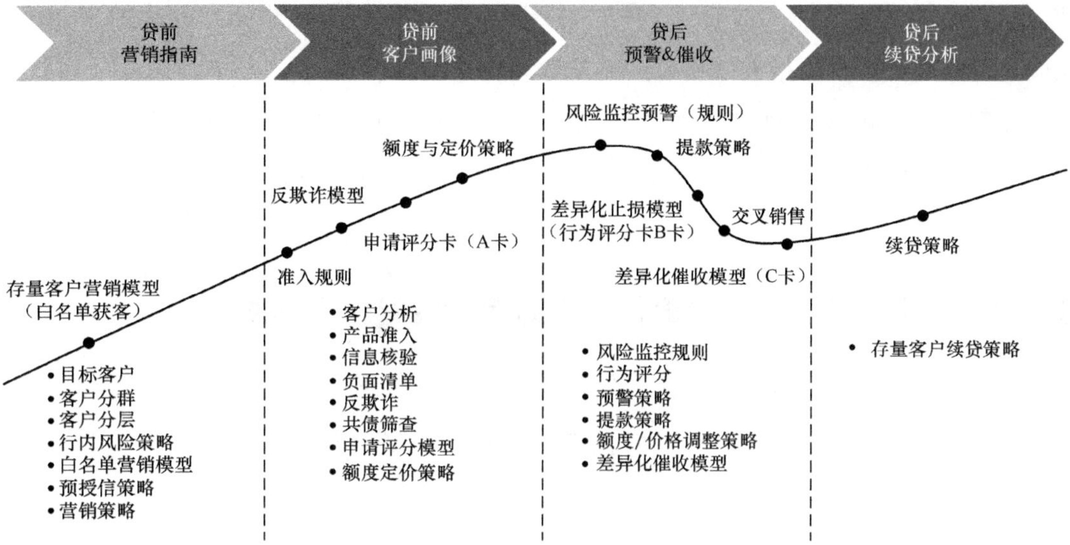

图 3-1 商业银行中小微信贷差异化管理流程

资料来源：中诚信征信

建立客户标签体系需要从多方位入手进行梳理，再结合数据禀赋对应的类别，即能够对一系列基础标签进行细致的分类，再由此提炼出高级标签。在建立完善的存量客户标签库后，依据客户的银行内外数据，开发贷中行为评分卡，根据不同的风险等级，结合对客户的价值评估结果，给予相应的定价和调额策略。在营销开展一段时间后，记录客户的营销响应结果，剖析客户的反馈行为数据，不断丰富与优化营销模型，最终达到个性化营销与服务推送。

在合法合规的前提下，中诚信征信采用市面上主流的电子签名、数据采集、分析技术，尽可能使贷前风控管理各环节交互线上化，风控实时化，最大限度地缩短业务办理时间，从而提升客户与金融机构工作人员的使用体验。

3. 构建信贷全生命周期的纯线上化管理体系

在中小微信贷差异化经营日益建设的过程中，商业银行通过差异化贷前、贷中、贷后的大数据分析，不断深入优化自身的信贷核心业务方向，调整不同客户群里的风控策略，从而在完善的风控层面尽可能达到客户所提出的信贷需求，提高客户的转化率。中小微差异化管理系统为商业银行带来差异化的大数据分析、强大的风控建设能力、丰富的客户资源调配。

建立合理的客户类型初分模型是精准营销的基础。对于不同类型的目标客户，精准营销模型应当给出具有针对性的营销策略，对银行方面大数据平台的所有客户进行类型区分。在完备的精准营销应用中，对公客户和零售客户并非完全彼此独立，模型应当具备从对公客户中挖掘零售客户或从零售客户中挖掘对公客户的功能。

模型通过与银行内的核心系统、信贷系统等业务关联系统的对接互联，实现业务、账务、资金的实时联动，最终实现贷前、贷中、贷后整个贷款生命周期的纯线上化管理。

3.1.3　信用科技助力商业银行中小微信贷业务差异化发展

我国范围内的商业银行在实际发展过程中，普遍存在同质化的情况，正因为如此，才有必要实现商业银行的差异化发展，达到国家提倡的金融改革的目的。

1. 差异化营销

差异化营销即根据银行内的数据（包括但不限于客户存款信息、历史贷款信息、资金流动信息、交易流水信息等），进行建模分析、筛选客户，并将客户信息推送至客户经理，有针对性地开展营销（包括但不限于产品、推送、触达等），从而提高获客效率。差异化营销的基本思路分为 3 类，即小微经营贷客户分层、个人消费贷客户分层、按揭客户分层。

（1）小微经营贷客户分层

针对确认为小微经营贷业务的客户，可对其进一步分层，分层的维度包括是否为白名单客户、行业类型（是否为支持类、压降类、退出类等）、地区分类（一类地区、二类地区、三类地区等）、小微申请评分等级、基本准入规则（工商信息、法院、个人及企业征信、黑灰名单等），以及基本反欺诈规则校验。

（2）个人消费贷客户分层

针对确认为个人消费贷业务的客户，可对其进一步分层，分层的维度包括是否为白名单客户、客群分类（优质存量、优质受薪、一般受薪、行内金融资产等级）、地区分类（一类地区、二类地区、三类地区等）、消费信贷申请评分等级、基本准入规则（社保、公积金、法院、个人征信、黑灰名单等），以及基本反欺诈规则校验。

（3）按揭客户分层

针对确认为按揭业务的客户，对其进一步分层识别的维度包括受雇性质（受薪、自雇）、地区分类（一类地区、二类地区、三类地区等）、按揭申请评分、基本准入规则（工商信息、法院、个人及企业征信、黑灰名单等），以及基本反欺诈规则校验。

2. 搭建客户分层模型

基于存量客户信息，按照银行内部产品和风险政策，对银行内部数据和资产负债情况进行分析，将存量客户划分为以下5类。

（1）断点客户

申请人也许会因为事务打断等诸多因素而出现中断申请的情况。

（2）拒绝客户

金融机构从以往一段时期已经拒绝的客户中，精准识别出风险略有降低的客户，再结合申请人提及的相关需求拟定审批名单。

（3）集团客户

由于集团客户无法传送至金融机构，银行能够对存量客户逐一分层，依次找出存在意向的客户，再借助科学有效的营销方式，让客户自行向国内的金融机构提出申请。

（4）低价值客户

低价值客户包含普遍的非活跃客户等，值得一提的是，该类客户也许会是其他金融机构对应的高价值客户，这时可采用交叉营销的方式，让客户更活跃。

（5）交叉营销客户

例如，将储蓄客户转为信用客户等，这种方式能够对客户进行分层，再进行精准营销。

该方案仅围绕存量客户（有行内历史借贷记录的客户）来介绍相关模型策略。

银行存量客户采用常规分层，从宏观上对经济、个人、群体和企业的常态性、周期性、群体性的消费、行为、经营特征选定具有代表性的指标进行分类，为常态性的营销打基础，使客户经理的工作更高效。商业银行存量客户常规分类如图3-2所示。

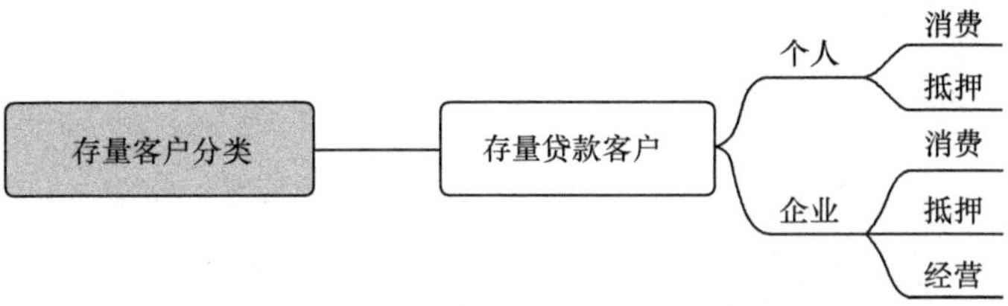

图3-2 商业银行存量客户常规分类

资料来源：中诚信征信

针对性分层是根据服务特定区域、特定营销需求、特定客群进行的客户分层筛选，为客户经理提供目标营销群体，使营销更有针对性和效率性，达到差异化营销的目标。商业银行中小微信贷差异化营销最终目标如图 3-3 所示。

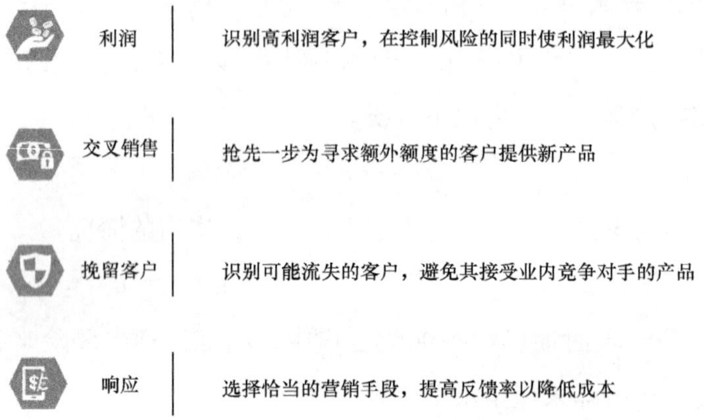

图 3-3　商业银行中小微信贷差异化营销最终目标

资料来源：中诚信征信

3. 生成分析报告

银行系统在新建客户信息后，根据客户授权，自动化采集客户信息，通过模型和规则处理，生成客户分析报告并输出给客户经理，分析报告可作为银行尽职调查的参考依据。

（1）营销报告

基于子分模块评分计算综合营销总分，将客户与相应的风险等级对应，优化营销队列，在营销阶段向客户经理充分预警高风险客户，并将优质客户推送给客户经理进行优先营销。

（2）贷前客户评价报告

基于子分模块评分计算总分，将各项评分和分析结果展示给客户经理，辅助客户经理完成差异化尽职调查。

（3）贷后评价报告

充分整合银行内数据及相应的外部数据信息，分析客户的潜在风险（可能引起还款能力下降），并进行预警。

4. 应用效果

应用效果主要体现在以下 5 个方面。

（1）建立中小微信贷差异化分级模型，形成自动化的营销决策

根据银行内外大数据进行建模分析，精准营销，切实提升自动化获客效率。而基于各大风险等级，结合客户所对应的价值评估结果，调节定价，即可达到个性化营销的目的。

自动化营销决策引擎如图 3-4 所示。

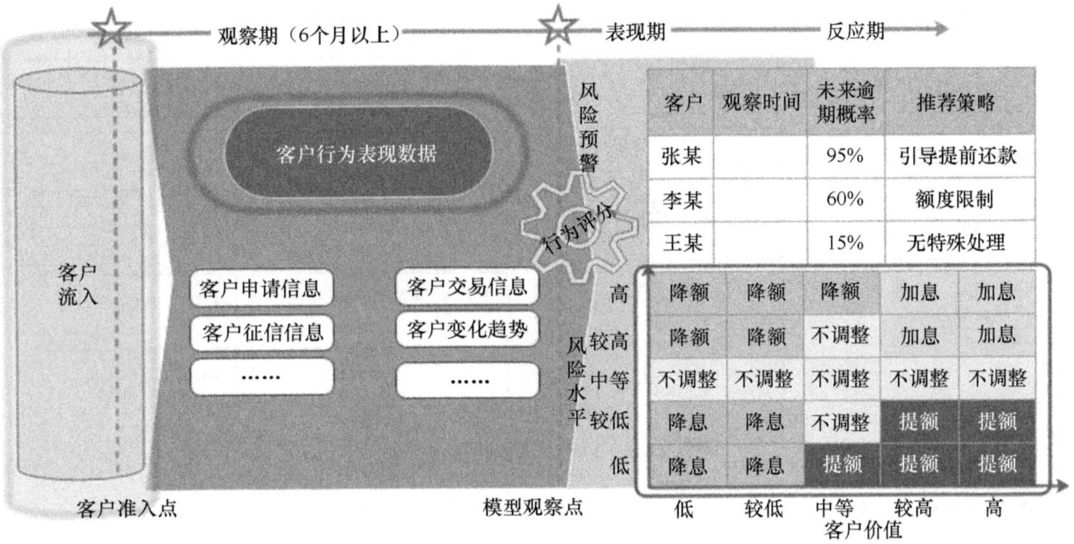

图 3-4　自动化营销决策引擎

资料来源：中诚信征信

例如，信贷场景存量客户营销，主要从存量客户群体中找出迫切需要贷款的客户，再以短信、人工等方式进行营销，这种方式可以切实提升营销响应率，并且极大地节省不必要的成本。存量客户精准营销如图 3-5 所示。

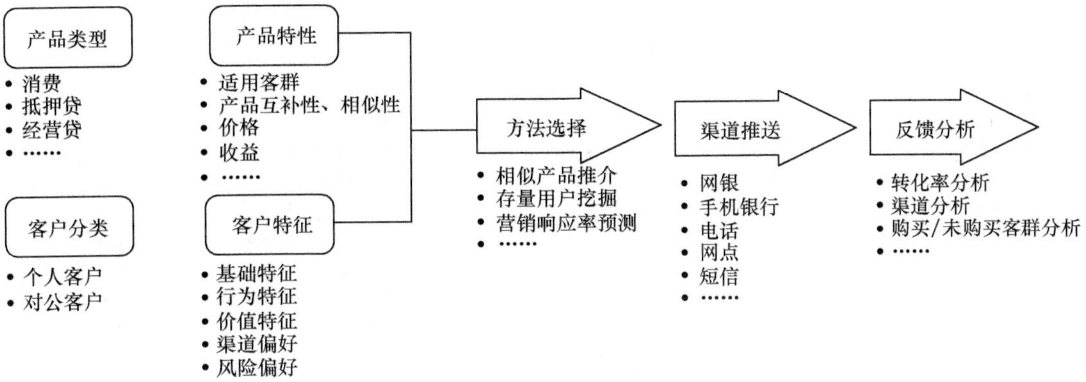

图 3-5　存量客户精准营销

资料来源：中诚信征信

（2）整合各业务阶段的信息流，形成线上化的贷前尽职调查分析报告

根据客户授权，自动采集客户信息，通过模型和处理规则，生成电子数字化尽职调查分析报告。自动化采集的信息内容如图 3-6 所示。

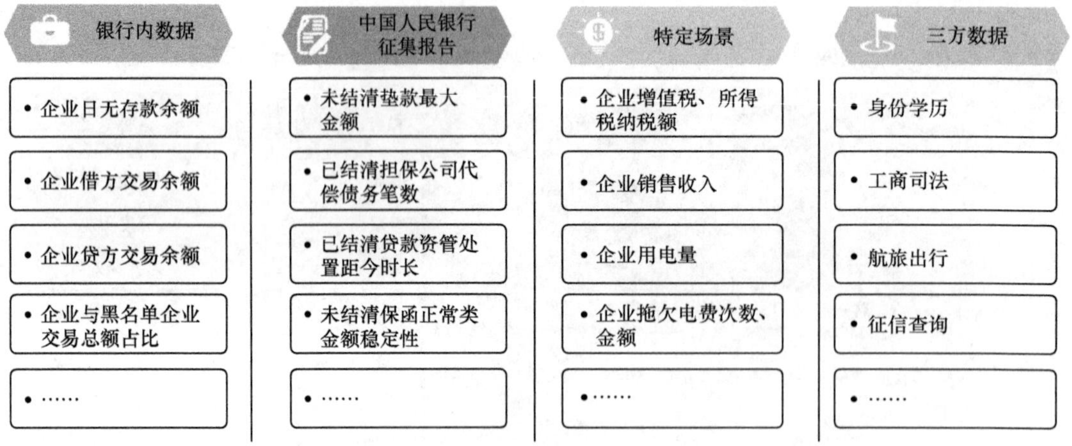

图 3-6　自动化采集的信息内容

资料来源：中诚信征信

探究已经收集的数据并加工，描绘客户画像。客户画像如图 3-7 所示。

图 3-7　客户画像

资料来源：中诚信征信

最终输出决策结果和分析报告。决策结果和分析报告如图 3-8 所示。

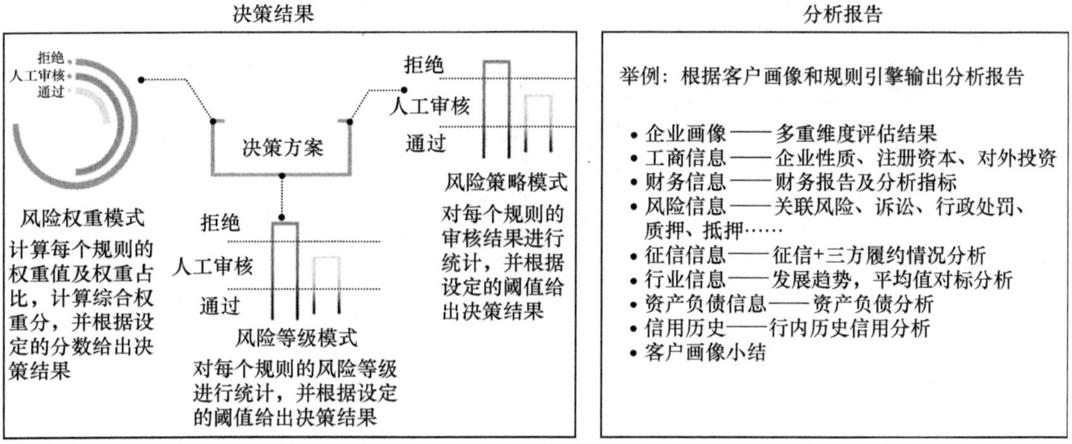

图 3-8 决策结果和分析报告

资料来源：中诚信征信

（3）建立信息流与信贷核心系统直连，提升整体中小微信贷业务处理效率

通过整合客户手机银行端、客户经理尽职调查端、第三方数据服务端（工商、司法、税务等）、银行信贷核心系统，形成一体化的中小微差异化管理中心。以线上模式实现业务落地，可有效降低获客成本、风控成本及运营成本，有效监测各个节点、各个从业人员的业务进展，便于进行精细化统计与管理，改善业务流程，提升服务品质。

基于对银行机构中小微信贷业务相关系统的实施经验，并结合银行的相关需求，对信贷业务的贷前、贷中、贷后流程中各个节点的操作内容及数据流转进行梳理。

（4）提供中小微信贷实时线上化的贷后管理

搭建贷后模型，生成贷后评价报告和风险预警，为客户经理进行差异化贷后管理提供便利，包括但不限于检查频率、方式、对象、内容、催收、预警，以及贷后管理业务记录等。系统自动化采集信息，包括但不限于抵押物评估、抵押物查册、股权变更信息、征信、涉法涉诉、行政奖罚等。通过模型和规则处理采集的信息，生成贷后评价报告并输出给客户经理，可作为贷后差异化管理的参考依据，并根据风险预警模型和规则策略生成相应的预警信息并推送至客户经理。

为了提升贷中管理能力和对外部突发性风险的监控能力，通过整合各渠道数据，建立风险监控体系，挖掘各维度风险指标，自动化完成风险分析、风险识别、风险推送。自动化风险预警如图 3-9 所示。

（5）风控规则及模型实现中小微信贷差异化贷前和贷后管理

中小微信贷差异化管理需要应对商业银行全量客户资源的接入。为满足客户需求，

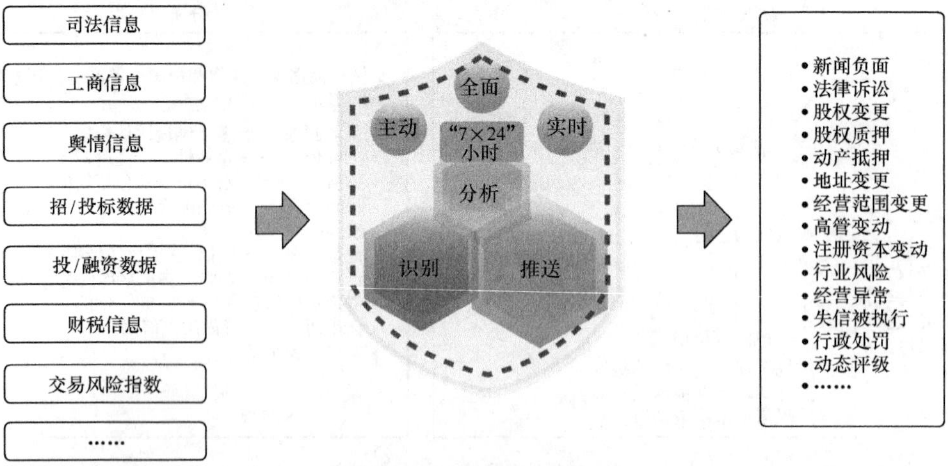

图 3-9　自动化风险预警

资料来源：中诚信征信

银行要结合客户所关联的数据信息，为客户匹配相应的差异化信贷产品。整个对接匹配过程的核心取决于风控模型及相应的风控规则，银行通过将自身的客户存量数据、信贷产品数据、风控建设能力整合、优化、适配至中小微信贷差异化管理系统中，在日常经营中进行定期的分析和建模，让传统风控能力转变成差异化的风控建设能力。

贷前准入筛选规则是由金融机构制定的一系列客户筛选条件，是从宏观方向入手的风险控制方式，能够有效排除绝大部分高风险客户，从而降低机构的信贷风险。贷前准入筛选规则如图 3-10 所示。

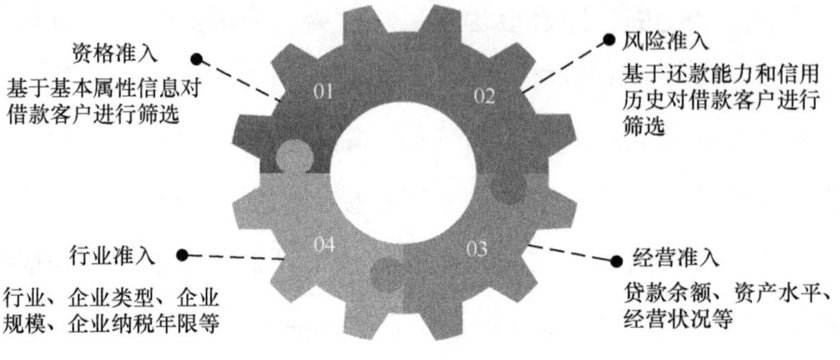

图 3-10　贷前准入筛选规则

资料来源：中诚信征信

贷前反欺诈模型是“规则 + 机器学习”二合一模型，可精准识别欺诈风险点。贷前反欺诈模型如图 3-11 所示。

贷前多层次模型策略是构建多层次的，对不同产品、不同客群给予差异化方案的模型策略。贷前多层次模型策略如图 3-12 所示。

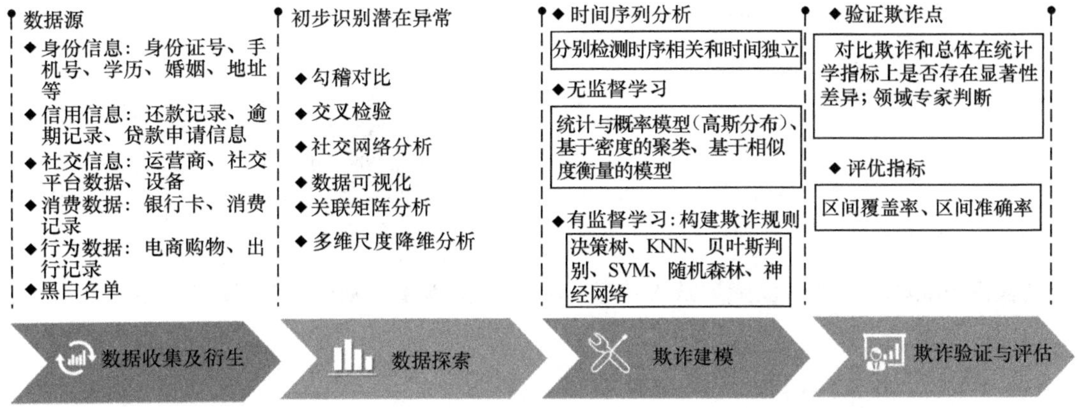

图 3-11 贷前反欺诈模型

资料来源：中诚信征信

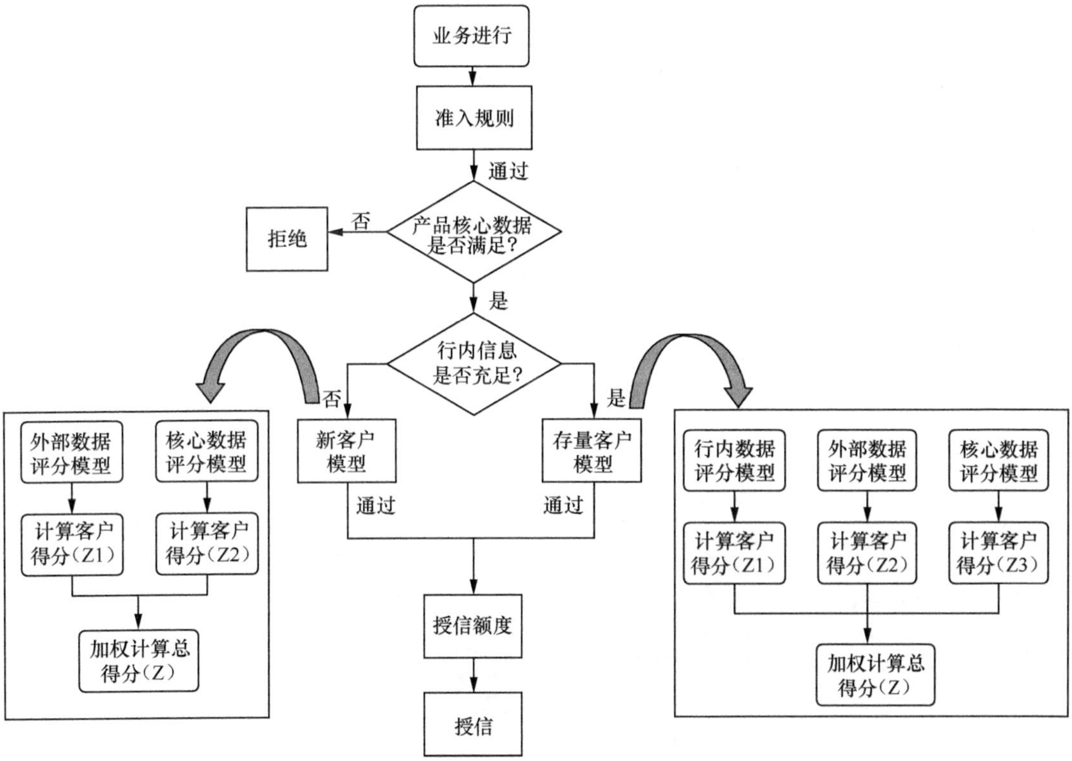

图 3-12 贷前多层次模型策略

资料来源：中诚信征信

贷前授信额度策略通过授信额度模型对授信额度进行量化，可根据客户的收入水平、风险水平、负债和消费水平在指定产品上对每个客户进行差异化定价。

贷前额度计算从基础授信额度、放大倍数、信用风险调整系数和增信 4 个维度细致考量，兼顾行内额度上限、规模、坏账率目标，计算出借款人的最佳授信额度。贷前授信额度策略如图 3-13 所示。

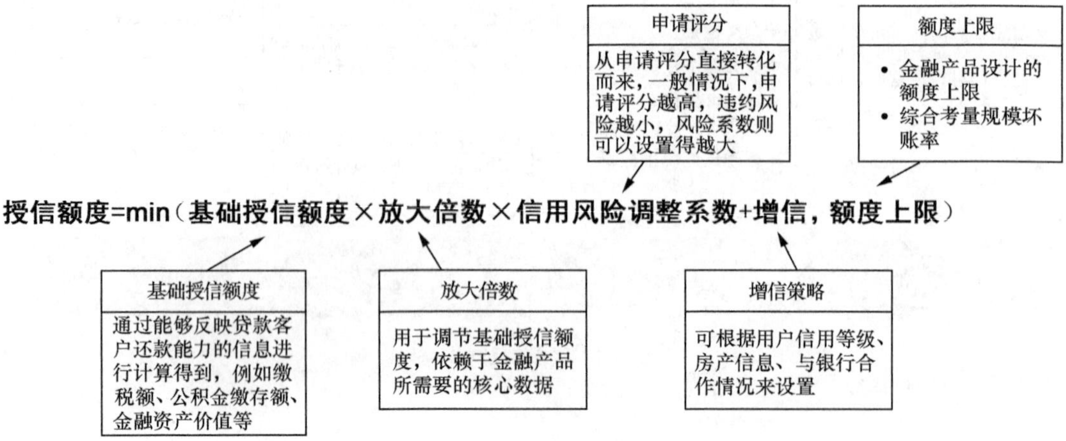

图 3-13　贷前授信额度策略

资料来源：中诚信征信

贷后预警监控采用贷后预警规则和行为评分模型双重预警机制，在放贷初期采用预警指标对客户进行风险监控和风险预警提示，经过一定的表现期之后，综合行为评分模型进行风险预测。贷后预警监控如图 3-14 所示。

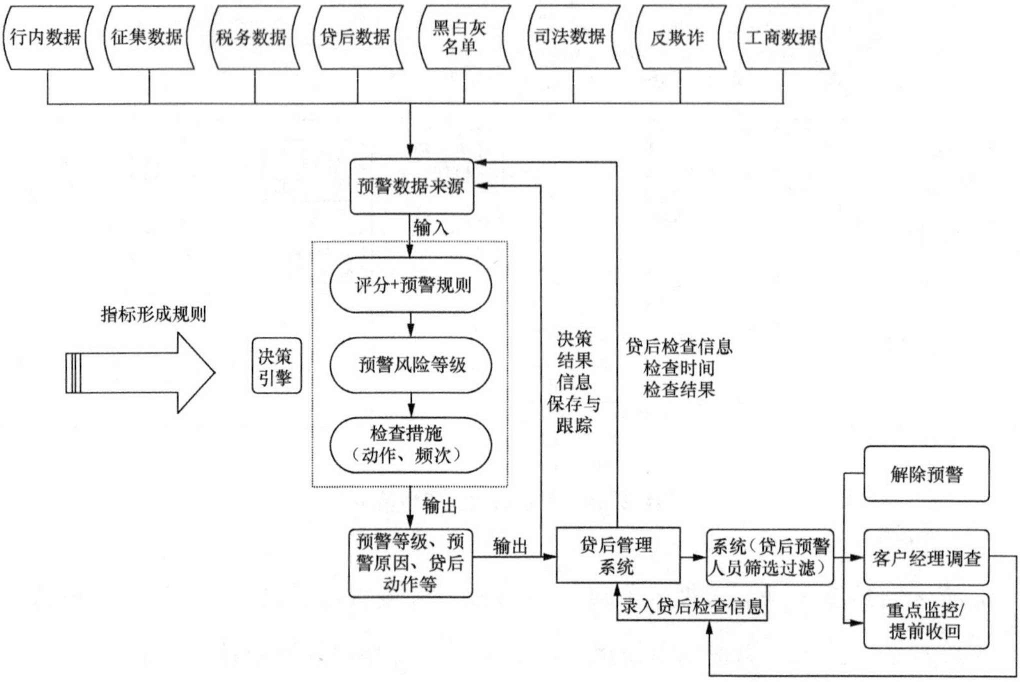

图 3-14　贷后预警监控

资料来源：中诚信征信

贷后预警监控应用场景：① 贷中预警，针对正常还款满一定期限的客户，通过贷中评分，得到还款能力不够良好的监控名单；② 提前催收，每月针对存量客户进行贷中评分，到还款日前 X 天，结合设定的阈值和客户账户余额情况，推送名单给客户经理进行还款提醒；③ 动态调额，针对存量有贷客户，通过贷中评分，找出高风险和低风险的客户，对其采取预警或营销性的措施，采取额度冻结、调降或者调增、交叉销售等动作。

预警调额应用策略是指客户随着时间的改变，很可能会要求更高的额度。贷款机构结合客户使用率和贷中评分卡的风险评分进行更加科学的决策。预警调额应用策略如图 3-15 所示。

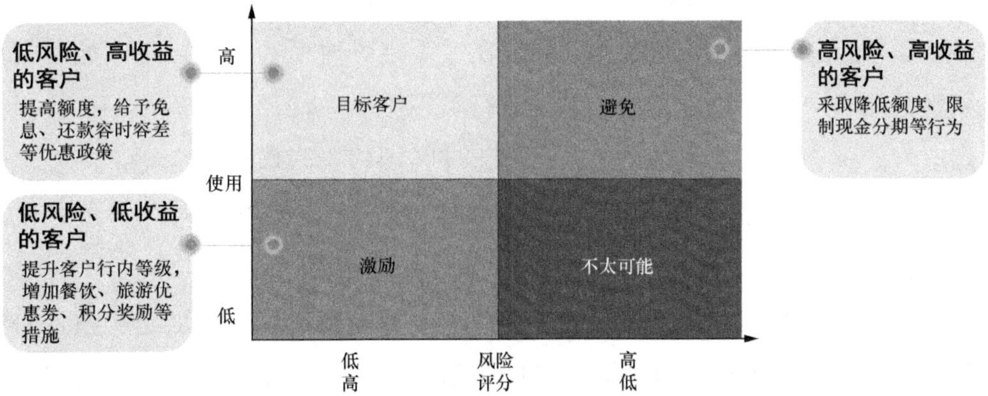

图 3-15 预警调额应用策略

资料来源：中诚信征信

在贷后催收管理中，应用技术手段十分重要。贷后差异化催收评分模型如图 3-16 所示。贷后差异化催收评分模型应用于贷后催收管理，对各客户选用针对性的催收流程，在较低成本开支下保持良好的回收成本，实现高效便捷的催收管理。

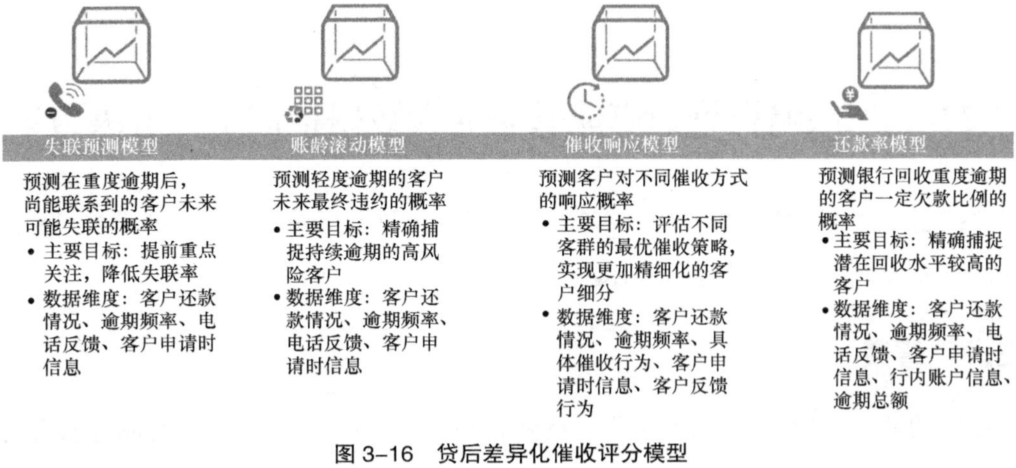

图 3-16 贷后差异化催收评分模型

资料来源：中诚信征信

根据客户的综合行为信息，应用机器学习算法，建立可以更客观准确地预测客户风险程度的催收评分模型，根据分数来区分客户，同时选用差异化的催收策略，这种模式对风险的控制相对精细。

3.1.4 小结

所谓金融场景，就是金融服务下沉到相关的非金融服务中，打造一站式服务与消费体验，敏捷响应、高效满足特定客群需求。金融场景生态建设对金融机构战略布局、产品设计、营销运营、风险管控、技术应用、人才组织等方面提出了更高的要求，对金融从业者也提出了挑战。

为了尽可能满足客户所提出的需求，在线下主导时期，银行已经开始尝试构建不同场景，将客户的金融与非金融需求进行深度融合。而商业银行中小微金融进行差异化运营的关键在于场景差异化，因此，这需要银行有敏捷的金融产品及风控产品能力。这些能力基于对数据及场景的理解，更需要有足够的科技力量，快速进行产品迭代。

金融服务数字化不仅是金融领域未来一段时间的发展趋势，更是科技本身对金融业务的全覆盖。信用科技以大数据等时下备受青睐的技术为基础，进行了诸多的创新实践，基于银行当前资源，结合大数据技术，在已经对风险进行科学、有效、精准控制的前提下，建立中小微信贷个性化经营模式，推进商业银行在未来一段时期的多方位发展。尤其在数字化转型的当下，各种类型的信息技术如雨后春笋般纷纷涌现，不仅优化了传统金融，还满足了不少金融服务方面的需求，有助于后期实现经营创新。

3.2 长城战略咨询：高成长企业大数据征信服务解决方案

科技创新企业可分为两类：一类是利用移动互联网新经济、新模式实现快速爆发式增长的高成长企业；另一类是以技术驱动为核心的硬科技企业。

3.2.1 背景

长城战略咨询对这两类企业进行充分研究，给出了恰当的大数据征信服务应对方案。

1. 高成长企业研究

2018 年 9 月，长城战略咨询发表了《新经济时代企业非线性成长路线图》的报告，总结出新经济企业非线性成长的 3 种跃迁机制，以及如何支持新经济企业实现非线性成长。

第一，创业企业应当转化为瞪羚企业。要勇于试错并敢于面对“死亡谷”，能够对快速变化的外部环境做出快速响应并抓住发展机会，努力找到适合自己的商业模式、技术路线、发展战略，并懂得如何在竞合环境中最大限度地发挥自身优势，最终实现持续高速成长。

第二，从创业 / 瞪羚企业到独角兽企业。瞪羚企业等如果想转化为独角兽企业，就要具有颠覆式创新的特征，能够挑战原有规则，带来行业洗牌，并创造新需求，与此同时，将数据等当作核心生产要素，将边际成本降为零，最终实现爆发式成长。

第三，从独角兽企业到龙头企业。独角兽企业如果想转化为龙头企业，就要打造生态圈，成为产业价值网络的中心，最终引领行业发展。

长城战略咨询的高成长企业大数据征信服务解决方案希望能够将一种便捷、高速、低成本的企业评价系统提供给政府和各类科技服务企业，让它们可以快速找到当地的潜力企业，从而大幅增加新经济企业在非线性成长的 3 种跃迁机制中的成功率。

2. 硬科技企业研究

在做企业研究时，我们发现了很多厚积薄发的企业，称其为“以技术驱动为核心的科技企业（以下简称硬科技企业）”。与以模式创新见长的移动互联网企业和普通的高新技术企业不同，硬科技企业需要长期的技术研发投入和积累，在成长过程中也呈现出不同的特征，需要不同的要素条件与资源。

（1）科学家深度参与创业

前沿技术的突破是硬科技创业的起点，科学家和科技人员深度参与技术创业是硬科技企业发展的关键基础和必要条件。科学家拥有充足的科研资源，他们只有作为创业者或者技术顾问长期深度参与硬科技企业的技术研发，才能帮助企业建立难以跨越的技术门槛和知识壁垒，形成技术驱动的竞争优势。在以碳云智能、柔宇科技、旷视科技、科信美德、大疆创新等为代表的硬科技企业快速成长的过程中，科学家发挥了不容忽视的关键作用。

（2）跨界团队高度配合

融合“技术＋商业＋运营”能力的跨界团队是确保将前沿技术转化为商业化产品和服务的内在动力。其中，技术研发团队能够保持与科学界的紧密联系，确保核心技术的持续创新与突破；商业拓展团队能够制定有效的商业战略，寻找外部投资，开拓市场和客户；运营管理团队则以其高效的执行力推动企业的技术、管理措施落地。

（3）商业模式可持续

可持续的商业模式是硬科技企业实现“自我造血”、持续创新的关键路径。可持续的商业模式，能够形成“技术突破—技术商业化盈利—技术持续创新”的商业闭环，同时，切实推进企业规模的逐步拓宽，快速形成竞争壁垒。例如，“技术＋场景”的组合已经成为硬科技独角兽企业诞生的重要利器，人工智能技术能够在安防行业获得相对广泛的实际应用，催生了大量独角兽企业，例如，旷视科技成立于2011年，估值已超过25亿美元，商汤科技成立于2014年，估值达到45亿美元，依图科技成立于2014年，估值达到22亿美元。

（4）风险资本持续注入

硬科技企业发展需要懂科技的风险资本长期支持。硬科技企业追求的是前沿技术突破所带来的巨大商业价值，但是技术的突破有赖于长期的研发投入，而技术的商业化潜力难以被大众正确认知，商业化过程充满不确定性。因此，硬科技企业的成长周期相较于互联网模式创新企业更长，资本的认可对于硬科技企业的创业和成长更加重要，是其发展的强大助推力。例如，截至2017年，太空科技的领头羊SpaceX公司融资总额已经达到6.6亿美元，深鉴科技成立两年融资4轮，总额达到4.88亿元。

（5）产业配套条件成熟

产业配套条件成熟是硬技术实现商业化的客观条件，更重要的是，与技术产业化配套的各种资源已经成熟，能够为硬技术在行业领域的大规模应用提供制造支撑。例如，基因泰克公司在发明了人工胰岛素之后，其自身并不具备将其生产成药品并上市销售的能力，与礼来公司的产业化合作是人工胰岛素产品问世的重要保障。

3. 硬科技企业与高成长企业

通过研究可以看到，硬科技企业和高成长企业的差异很大，我们不能盲目地用一套标准评估所有的企业，而这正是传统价值评估成本高昂的原因之一。每次评价都是由专业的团队对某一类待评价企业有较深入的研究后，再根据评估目的来制定评价指标，最后得出评价结果。根据历史经验，虽然每次都是不同的团队独立研究出评价指标，但是，相关数据的有效性非常局限，指标的重复性较高，只是在赋权值上有所差异。因此，我们需要分别考量不同评估目的的特点，汇总各类常用指标，然后设计一个系统，使客户可以根据评估目的和待评估企业的情况自由选择评估指标，自由设定各指标加权值，以便降低评估成本，让企业价值评估成为日常工作的一部分。

3.2.2 需求分析

科技服务业是为科技创新全链条提供服务的新兴产业，主要服务于科技创新企业的技术创新、成果产业化、企业成长，主要涉及研究开发、检验检测、知识产权、科技金融等相关的综合科技服务。

科技服务机构经常为政府、投资人或者企业提供关于一个企业发展潜力、经营健康情况的评估，以帮助政府、投资人或企业决定是否给予政策支持、信贷支持、建立商业合作关系或者投资参股。这是典型的科技金融、科技咨询和创新创业服务的场景。

做出准确决策需要强有力的征信大数据的支持，通过大数据的方式归集企业市场活动、守信失信、社会美誉度、企业负责人信用等数据，基于深度的数据发掘和分析，反映企业真实的经营情况。

1. 招商场景研究

招商是一个相对综合的场景，需要从多个方面对目标的价值进行评价。重点关注企业的成长潜力、企业信用信息等相关信息，辅助招商部门更全面地判断招引对象的实力。

根据《商务部关于建立招商选资综合评价体系的指导意见》，长城战略咨询在招商选资综合评价指标体系的 61 个评价指标中选择了 14 个指标，并将这 14 个指标应用于沈阳高新区，针对入驻企业形成了入驻企业培育价值榜。本次场景示范应用基于沈阳高新区现有的入驻企业，将企业变更为申请入驻的企业后，就可以得出招商价值榜。培育价值高的企业就是招商价值高的企业，在其还没有发展壮大之前就引入，付出的成本更低、效果更好。

2. 政策兑现场景研究

政策兑现场景重点关注企业是否重复获得政策支持、是否拥有其在申报时所说的成绩，以及企业正面与负面舆论等信息。政策兑现是政府部门必须做的事情之一，而目前的企业价值评价服务单价很高，很难将其应用到政策兑现这个场景中来，政府部门靠人力在互联网上查询相关内容，既费时又费力。

大幅降低企业价值评估成本，其实是给政府解决了一个刚性难题，政府用极低的价格便可给申请兑现政策的企业做价值评估，并可根据实际情况有理有据地决定是全额兑现、部分兑现还是驳回兑现申请。

政策兑现时需要的数据指标大多与政策申报时的条件密切相关，并会随着政策变化而有较大的变化，不过其中最常见的仍然是经济运行、技术和信用 3 个方面的指标。

3. 科技金融场景研究

科技金融场景重点关注企业财务信息和经营信息，长城战略咨询主要关注的是各类信用评分情况。在研究了科技型中小企业融资的信用评估和科技金融体系建设与效果评价信后，长城战略咨询整理参考其中科技贷款、科技资本市场和科技保险的相关内容，考虑到系统将与现有信用产品关联整合，只将部分常用的经济指标数据作为补充。

4. 股权投资场景研究

股权投资场景重点关注企业技术创新实力、市场竞争潜力等信息，市场上常用的股权投资价值判断方法有很多种，其中比较常用的有博克斯法、市盈率法、实体现金流贴现法、倍数法、经济附加值模型等，但这些投资判断方法大多只是关注现有成绩，并没有关注企业的技术创新实力和市场潜力等信息。长城战略咨询对以技术驱动为核心的科技企业进行研究后发现，其实很多企业初期的成绩或经济价值并不高，但由于其有相对领先于市场的技术，往往能够获得较稳定的成长，甚至在风口期出现爆发式发展。

因此，在做股权投资类企业价值评分时也应该增加对相关技术的评价。

通过对评估场景的研究，了解各类场景侧重的评价指标，进而构建一个包含大部分常用评价指标的体系。

3.2.3 指标体系构建

我们从现有指标研究、指标构建过程、指标介绍、指标描述 4 个方面进行说明。

1. 现有指标研究

长城战略咨询基于科技部火炬高技术产业开发中心统一设计的企业创新积分模型，并综合参考我国目前的三大企业综合评价指标体系（一是为财政部企业专门构建的财务评价指标体系，包括八大指标；二是财政部企业经济效益评价指标体系，包括10个指标；三是国家经济贸易委员会、国家统计局的企业综合评价指标体系，包括12个指标），同时参考了两篇研究，即发表在《全国流通经济》的《企业核心竞争力与评价指标体系的构建》和发表在《创新科技》的《世界一流创新企业评价指标体系研究》，对这些评价指标体系所列指标汇总编成表后发现，可供选择的评价指标有83个，以下14个指标得到多数认可且相对容易获得。

① 营业收入。

② 营业收入增速。

③ 出口总额。

④ 实际上缴税费。

⑤ 研发投入。

⑥ 发明专利量。

⑦ 从业人员期末人数。

⑧ 具有研究生学历（位）人员数。

⑨ 子公司数量。

⑩ 瞪羚企业/独角兽企业认定情况。

⑪ 是否上市。

⑫ 企业行业地位。

⑬ 高新技术企业认定情况。

⑭ 是否符合当地主导产业。

2. 指标构建过程

长城战略咨询在沈阳高新区的应用实践中发现，相对于高成长科技企业价值评价来说，这14个指标存在着3个明显的不足：一是没有有效反映以技术驱动为核心的企业价值；二是没有反映企业长期发展的能力；三是没有有效降低评价成本。因此提炼出的这14个指标仍有缺陷，不能满足本研究的需要。

长城战略咨询进一步围绕企业技术实力更新增加了12个指标，围绕企业长期发展的能力增加了5个指标，并重新设计了本解决方案的实施方案。通过前面的场景和评价指标研究，发现不同场景对数据的需求程度和提供完整度有很大差异，用一套统一的指标或算法无法解决所有场景的问题。因此，应建立一个尽量包含多种高价值评价指标的体系，让客户根据实际情况自主选择，并自主设定权重。这样才能有效地降低指标评价的成本，在扩大经济效益的同时保证产出高质量的评价结果。

综上，14个必选指标变为“31+*N*”个可选指标。“*N*”表示各类征信和税务发票类产品。可选指标是指由客户根据实际评价目的和当地企业情况自行选择由哪些指标构成本次评价。虽然在使用难度上略有上升，需要客户根据当地情况、评价目标来自行选择指标、算法及权重，但仍可以通过一个评价体系实现大部分的场景应用需求。

3. 指标介绍

长城战略咨询根据高成长科技企业研究、应用场景研究和指标研究，结合各验证应用评价结果修订并完善指标体系，采取企业填报、互联网大数据采集与人工智能计算相结合的方式，达到定量分析并评价各高成长科技企业价值的目的。

（1）指标选取原则

① 总量指标与相对指标相结合原则。总量指标与企业规模存在直接关系，例如营业收入、有效专利量、研发投入、各类人才数量等。因此，以总量指标反映企业的规模优势，以营业收入增速、最新一年新授权专利量、各类人才占比、企业资质等相对指标反映企业上一年度的成长性，从而保障企业间的可比性。

② 直接指标与潜力指标相结合原则。通过对比企业具体直观的指标值来反映企业的规模、技术、人才等外在指标情况，通过理论研究判定对企业有较大提升作用的行为作为潜力指标，用直接指标与潜力指标相结合综合评估企业价值。

③ 通用指标与优秀指标相结合原则。该指标体系希望能够反映各类企业场景价值评估的特色，需要兼顾通用指标和优秀指标。一是通过通用指标描述各类企业的总体特征；二是通过优秀指标反映优秀企业的突出表现。

④ 数据可获得性原则。由于本评价以大数据采集方式为主，指标数据是否可以获得成为基本要求。数据可获得性分为互联网公开数据、企业申报数据和政府发函征集数据三大类。一是互联网公开数据相对容易获取且覆盖企业范围最广，但价值相对较低；二是企业申报数据主要指高新技术企业、瞪羚企业、独角兽企业申报时填的数据，覆盖企业范围较小，价值相对较高，但有保密需求；三是政府发函征集数据灵活性较大，通常覆盖的企业范围相对较小、价值较高。

（2）指标设计

高成长科技企业价值评价指标体系见表3-1。

表 3–1　高成长科技企业价值评价指标体系

序号	一级指标	二级指标
1	规模和贡献度	营业收入 / 万元
2		营收同比增速
3		上缴税款 / 万元
4		参保人数
5		子公司数量
6		有效发明专利量
7	研发创新能力	研发投入 / 万元
8		创新成果产出数量
9		承担各级科技项目情况
10		“产、学、研”合作事项数量
11		海外合作方式数量
12		建立研发机构情况
13		失效专利比例
14		发明专利平均有效时长
15		最近一年新授权发明专利量
16	人才储备	硕博人员数量
17		研发人员数量
18		高技能人才数量
19		硕博人员占总员工比例
20		研发人员数量占总员工比例
21		高技能人才数量占总员工比例
22		企业创办人入选人才计划类型
23		万人计划人才数量
24	投融资能力	参与产业发展或创新创业基金
25		债券融资、股权融资或其他融资
26	企业资质	高新技术企业及连续认定情况
27		瞪羚企业及连续认定情况
28		获得各级奖励情况
29	竞争能力	所处产业发展趋势
30		与当地产业契合度
31		同类专利技术竞争对手数量

4. 指标描述

对规模和贡献度、研发创新能力、人才储备、投融资能力、企业资质、竞争能力六大指标的解析如下。

（1）规模和贡献度

规模和贡献度主要从营收规模、企业规模和技术规模等角度评估企业的综合情况。该指标包括 6 个二级指标，即营业收入、营收同比增速、上缴税款、参保人数、子公司数量、有效发明专利量。

一级指标以总量指标、直接指标和通用指标为主，以一个相对指标（营收同比增速）、一个潜力指标（有效发明专利量）和一个优秀指标（子公司数量）为辅综合评估企业的规模和贡献度。规模和贡献度指标分解见表 3-2。

表 3-2　规模和贡献度指标分解

一级指标	二级指标	指标描述	目的
规模和贡献度	营业收入 / 万元	企业总营业收入金额	总量指标，考核企业营收规模情况
	营收同比增速	企业营业收入同比去年增速	相对指标，考核企业营收增速情况
	上缴税款 / 万元	企业上缴税款总额	总量指标，衡量企业对当地区域的纳税贡献情况
	参保人数	企业员工参保人数	总量指标，衡量该企业解决人员就业的情况
	子公司数量	全资控股子公司数量	总量指标，衡量该企业的宏观规模情况
	有效发明专利量	法律状态为授权的发明专利数	总量指标，衡量该企业有效技术实力情况

（2）研发创新能力

研发创新能力主要从投入、产出、合作等角度评估企业的技术能力及潜力。该指标包括 9 个二级指标，即研发投入、创新成果产出数量、承担各级科技项目情况、“产、学、研”合作事项数量、海外合作方式数量、建立研发机构情况、失效专利比例、发明专利平均有效时长和最近一年新授权发明专利量。

一级指标选取了总量指标和相对指标、直接指标和潜力指标、通用指标和优秀指标，从多个维度全面、准确地评估企业的研发创新能力。研发创新能力指标分解见表 3-3。

表 3-3 研发创新能力指标分解

一级指标	二级指标	指标描述	目的
研发创新能力	研发投入 / 万元	企业总研发投入金额	总量指标，考核企业研发投入规模情况
	创新成果产出数量	年新申请专利、新发表论文、标准、软件著作权数量	相对指标，衡量该企业一年内各类创新成果产出的数量
	承担各级科技项目情况	分级加权统计，每个项目国家级 5 分，省级 3 分，市级 1 分	总量指标，衡量该企业近期科技能力被各级政府认可的程度
	“产、学、研”合作事项数量	该企业参与各类“产、学、研”合作事项数量	总量指标，衡量该企业在创新生态中的活跃程度
	海外合作方式数量	该企业与海外合作的方式数量	总量指标，衡量该企业在海外创新生态中的活跃程度
	建立研发机构情况	该企业建立的各级研发机构情况（每个机构国家级 5 分，省级 3 分，市级 1 分）	总量指标，衡量该企业长期科研实力
	失效专利比例	该企业所有申请的专利中失效专利的比例	相对指标，从侧面反映该企业整体专利价值
	发明专利平均有效时长	该企业所有授权后的专利平均有效时长	相对指标，从侧面反映该企业整体专利价值
	最近一年新授权发明专利量	该企业最近一年最新获得授权发明专利数量	相对指标，反映该企业近期科技能力

（3）人才储备

人才储备主要从人才数量、人才比例、创始人情况和高端人才情况 4 个角度评估企业的人才能力情况。该指标包括 8 个二级指标，即硕博人员数量、研发人员数量、高技能人才数量、硕博人员数量占总员工比例、研发人员数量占总员工比例、高技能人才数量占总员工比例、企业创办人入选人才计划类型、万人计划人才数量。但企业人才评估难度很大，因此这 8 个指标也只能从一个侧面反映企业人才情况。人才储备指标分解见表 3-4。

表 3-4 人才储备指标分解

一级指标	二级指标	指标描述	目的
人才储备	硕博人员数量	该企业最高学历为硕士或博士的人员数量	总量指标，衡量该企业高学历人才的数量
	研发人员数量	该企业研发人员数量	总量指标，衡量该企业研发人员的数量

续表

一级指标	二级指标	指标描述	目的
人才储备	高技能人才数量	该企业拥有高技能人才认证的人员数量	总量指标，衡量该企业高技能人员的数量
	硕博人员数量占总员工比例	该企业硕博人员数量占总员工数比例	相对指标，衡量该企业高学历人才的比例
	研发人员数量占总员工比例	该企业研发人员数量占总员工数比例	相对指标，衡量该企业研发人员的比例
	高技能人才数量占总员工比例	该企业高技能人员数量占总员工数比例	相对指标，衡量该企业高技能人员的比例
	企业创办人入选人才计划类型	该企业创办人入选人才计划类型（本二级指标仅分为“有”或“无”）	总量指标，衡量该企业创始人的情况
	万人计划人才数量	该企业拥有万人计划人才认证的人员数量	总量指标，衡量该企业高端人才的情况

（4）投融资能力

投融资能力主要从投资和融资两个角度评估企业的能力。该指标包括两个二级指标，即参与产业发展或创新创业基金情况，债券融资、股权融资或其他融资情况。投融资能力指标分解见表 3-5。

表 3-5　投融资能力指标分解

一级指标	二级指标	指标描述	目的
投融资能力	参与产业发展或创新创业基金情况	该企业参与产业发展或创新创业基金的情况，综合考虑参与基金数量及投资比例	总量指标，企业成长到一定规模后参与各类产业或创新基金，体现了资本的循环
	债券融资、股权融资或其他融资情况	该企业 3 年内最近一次融资金额	总量指标，衡量该企业受到资本市场的认可程度

获投企业或投资企业占总企业比例较低，因此本一级指标均属于优秀指标，两个二级指标反映了一个评估获得投资的情况。

基于新经济方法论，资本的循环是生态的一部分。一个企业做大做强后可以参与所在产业或创新创业基金投资，不仅能够补齐自身发展的短板，还能带动整个产业的发展，因此投资能力也是考核企业的标准之一。

（5）企业资质

企业资质主要从企业技术、经营发展和成果 3 个角度评估。该项指标包括 3 个，即高新技术企业及连续认定情况、瞪羚企业及连续认定情况、获得各级奖励情况。

一级指标是从比较大的角度评估企业价值，规模和贡献度及研发创新能力这两个指标的数据较少时可以参考采用一级指标。企业资质指标分解见表 3-6。

表 3-6 企业资质指标分解

一级指标	二级指标	指标描述	目的
企业资质	高新技术企业及连续认定情况	该企业获得高新技术企业认定的情况，连续认定得分更高	总量指标，整体评估企业的技术潜力
	瞪羚企业及连续认定情况	该企业获得瞪羚企业认定的情况，连续认定得分更高	总量指标，整体评估企业的成长速度
	获得各级奖励情况	该企业获得各级奖励情况（每个国家级 5 分，省级 3 分，市级 1 分）	相对指标，整体评估该企业的高端技术情况

（6）竞争能力

从产业、产业区与区契合度、技术独特性 3 个角度评估企业的竞争能力。该项指标包括 3 个二级指标，即所处产业发展趋势、与当地产业契合度和同类专利技术竞争对手数量。竞争能力指标分解见表 3-7。

表 3-7 竞争能力指标分解

一级指标	二级指标	指标描述	目的
竞争能力	所处产业发展趋势	该企业所处产业的发展趋势	通常认为夕阳产业的企业价值较低，朝阳产业的企业价值较高
	与当地产业契合度	企业所处产业在当地是否为主导产业、支柱产业、优先发展产业等	与当地契合的产业更容易获得各类政策支持
	同类专利技术竞争对手数量	通过专利技术分类号统计拥有相同技术路线的企业数量	技术路线相同的企业数量越多，竞争越激烈，得分越低

竞争能力中前两个二级指标是定性评价，由专家对各类行业、产业、新兴领域的产业发展趋势进行打分评估，根据各区域主导产业来判断企业所处产业与当地的契合度情况。

同类专利技术竞争对手数量是一个独创的指标，第一步，分析该企业拥有的专利技术分别属于哪些国际分类；第二步，统计该国际技术分类的专利分属哪些企业，从这些企业的数量来判断技术路线几乎相同的竞争对手数量。

3.2.4 模型解决方案

以下从指标体系、模型算法、评价指标赋权 3 个方面对本解决方案进行详细说明。

1. 指标体系

指标体系分为一级指标和二级指标两层，二级指标又分为指标值、标准化值和得分。指标值即指标的具体数值，标准化值是计算后的百分制得分，得分是标准化值 × 加权 /100 得到的具体分数。

由于一些企业的差距不确定，我们设计了绝对分和相对分两种指标算法。针对小范围的企业可以采用百分制的相对分进行对比，能够更清晰地看到差距；针对大范围的企业或者要进行同一企业不同时间段的对比时，可以采用绝对分进行对比。

（1）相对分

由于评价场景的多样性和评价企业的差异性，相对分可以灵活地选择评价企业范围，对本范围内的企业做出评价。根据指标值的范围，利用灰色关联比较法计算该指标的标准化值（范围内分数最高的标准比值为 100%，最低且不为 0 的标准化比值为 20%，分数为 0 的标准化值为 0），各指标标准化值乘以其权重为实际得分，一级指标得分等于该一级指标下所有二级指标得分之和 / 总分 ×100。

相对分既可以直观地比对分值，也可以直观地比对该范围内各企业的差距。

相对分可以选择线性算法或指数算法。线性算法是指标值从 0 到 1、从 1 到 2、从 99 到 100 对分数的增幅完全相同，适用于对比范围内差异较小的企业。

指数算法是指标值较小时同样增幅对分数增幅大，指标值较大时对分数增幅小，即从 0 到 1 的分数增幅大于从 1 到 2 的分数，远大于从 99 到 100 的分数。指数算法适用于对比范围内差异较大的企业。

（2）绝对分

绝对分是利用灰色关联比较法来确定的，由于是对所有企业做全量对比评价，范围内企业的差距通常较大，采用的是指数算法。

每个二级指标的绝对分算法均不一致，但均符合以下 3 个设计原则。一是数值连续性，不会使分数出现阶梯状变化。二是指标值低时分数上升快，指标值高时分数上升慢。三是有最高分。通常来说，在企业的二级指标展示项指标值范围（与筛选项一致）中的“无”即 0，不为“无”的第一项为 20%，最高项为 100%，该百分比乘以指标值的加权为该项指标的具体得分。

2. 模型算法

模型算法以灰色关联比较法为基础，辅助以指数计算，从而实现数值连续性和指标值低时分数上升快，指标值高时分数上升慢。

（1）一级指标算法

相对分算法如下。

一级指标得分 = 该一级指标下所有二级指标得分之和 / 总分 ×100 。

一级指标是百分制，可以直观地比对该范围内各企业的情况差距。

绝对分算法如下。

一级指标得分 = 该一级指标下所有二级指标得分之和。

（2）二级指标算法

相对分线性算法如下。

二级指标得分 = 该二级指标标准化值 × 该指标的权重 /100。

标准化值（正向指标）=[20+(Aij - $minAi$)/($maxAi$ - $minAi$) × 80]。

标准化值（逆向指标）=[20+($maxAi$ - Aij)/($maxAi$ - $minAi$) × 80]。

其中，Aij 表示第 j 个企业第 i 个指标的实际值，$maxAi$ 表示所选范围内所有企业第 i 个指标的最大值，$minAi$ 表示所选范围内所有企业第 i 个指标的最小值。

注：正向指标代表向上或向前发展、增长的指标，指标值越大，评价越好，例如营业收入；逆向指标是指数值越小越好的指标，例如失效专利比例。

相对分指数算法如下。

指数算法与线性算法的标准化值变化关系如图 3-17 所示。

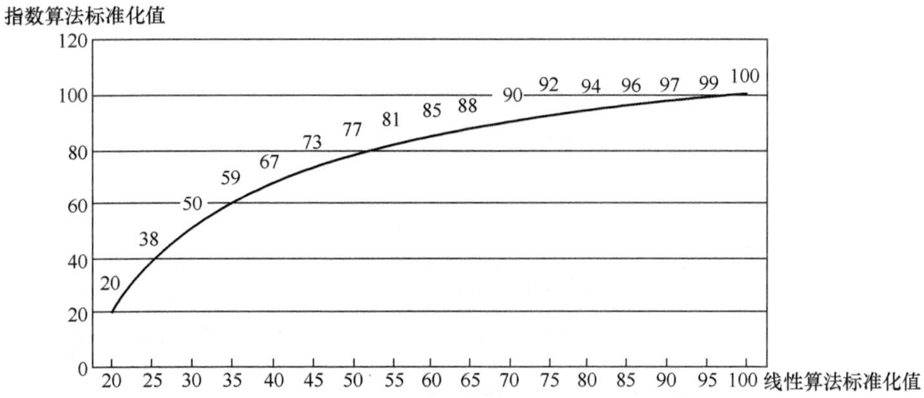

图 3-17　指数算法与线性算法的标准化值变化关系

指数算法需要对标准化值做进一步计算，新标准化值 = [标准化值 /(标准化值 + 5) -0.76190476] ×525，这样也能得出一个 20 ～ 100 的分数，原标准化值为 25，新标准化值为 38；原标准化值为 70，新标准化值为 90。这样可拉开企业初期差距，减小后期差距。

在筛选范围较小、企业差距较小时，建议使用线性算法；在筛选范围较大、企业差距较大时，建议使用指数算法。

绝对分算法如下。

每个二级指标的绝对分算法均不一致，但均需要符合设计原则。

3. 评价指标赋权

客户可以自由选择所需指标，自由选择二级指标算法，自由设定每一个二级指标的权重（最小为 1，最大为 10）。这样可以根据每次评价目的快速制作出有针对性的评价模型。

3.2.5 解决方案应用

基于基础数据，长城战略咨询通过高成长科技企业智能化价值评估系统，实现对高成长科技企业的智能化评估。

1. 总体介绍

该解决方案主要分为 5 个部分：①从企业填报数据和互联网数据获得用于指标评价的基础数据；②将基础数据清洗治理后汇入高成长企业数据库；③通过多种评价算法对数据进行计算打分；④在价值评估指标管理系统中对指标进行管理；⑤在高成长科技企业智能化价值评估系统中查询相关价值评估结果。

其中，①和④需要由评估者根据实际情况收集相关数据并进行评价指标设定；②和③由系统自动处理。

2. 总体架构

总体架构分为四大部分，即数据源、数据层、逻辑层、应用层。总体架构如图 3-18 所示。

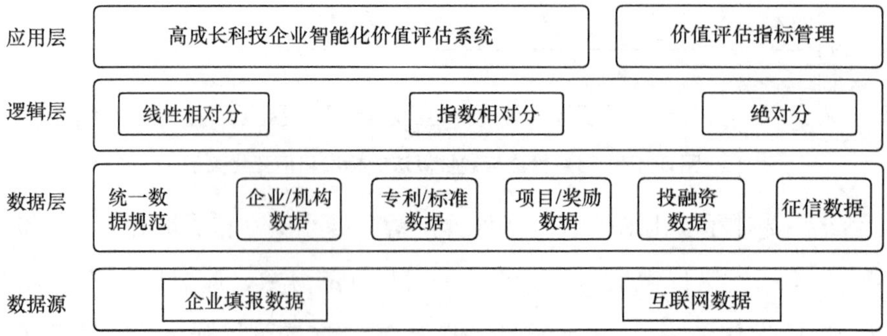

图 3-18 总体架构

3. 平台功能

高成长科技企业智能化价值评估系统是基于高成长企业数据库研发的一个新功能模块，先将已收集的企业数据清洗、整理、汇总，再进行整合计算。

价值评估系统可以对区域内的高成长企业进行多维度的智能化评估，通过本系统，用户选择评价指标，设定评价指标的算法、权重来制定适合自身区域特点和本次评价目标的评估指标体系，再通过相对分和绝对分两种打分规则找到目标高成长科技企业，并形成榜单。

（1）评价指标管理

本系统支持管理员对各种二级指标算法、权重进行编辑，可以选择某一指标是否纳入计算。相对分可以从两种指标算法中选择一种，不能更改具体算法，但可以设定权重，设定范围为 1 ～ 10 的整数。

在系统中，拥有管理员权限的用户可以在导航栏依次单击“系统配置—价值评估指标管理”，然后进入指标管理界面。价值评估指标管理界面如图 3-19 所示。

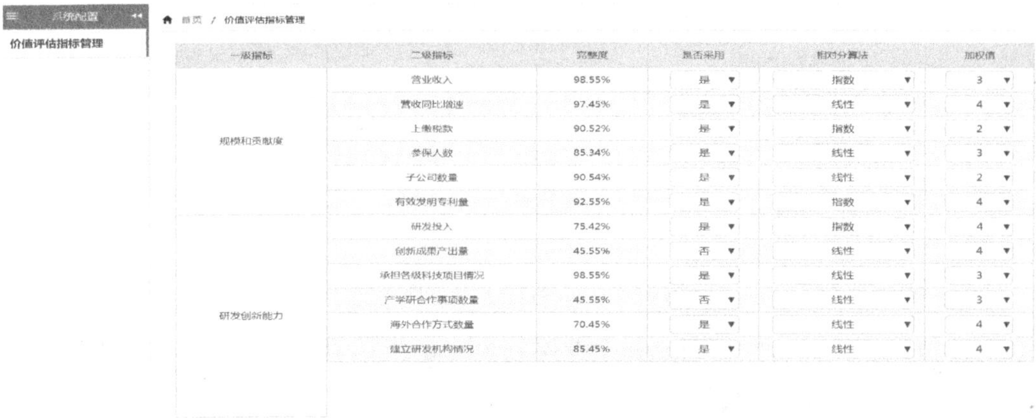

一级指标	二级指标	完整度	是否采用	相对分算法	加权值
规模和贡献度	营业收入	98.55%	是	指数	3
	营收同比增速	97.45%	是	线性	4
	上缴税款	90.52%	是	指数	2
	参保人数	85.34%	是	线性	3
	子公司数量	90.54%	是	线性	2
	有效发明专利量	92.55%	是	指数	4
研发创新能力	研发投入	75.42%	是	指数	4
	创新成果产出量	45.55%	否	线性	4
	承担各级科技项目情况	98.55%	是	线性	3
	产学研合作事项数量	45.55%	否	线性	3
	海外合作方式数量	70.45%	是	线性	4
	建立研发机构情况	85.45%	是	线性	4

图 3-19　价值评估指标管理界面

该系统支持管理员进行价值评估指标管理，包括是否采用、选择相对分算法和设定加权值，管理可选的列表内容如下。

① 一级指标，表示该二级指标属于哪个一级指标。

② 二级指标，表示该二级指标的名称。

③ 完整度，表示数据库中有多少家企业拥有该指标所需的数据（指标值为 0 也算拥有）。

④ 是否采用，从下拉菜单中选择“是”或“否”来控制该指标是否纳入计算。

⑤ 相对分算法，从下拉菜单中选择“指数”或“线性”来控制该指标相对分所采用的算法。

⑥ 加权值，从下拉菜单中选择 1 ～ 10 表示该指标的加权值。

（2）小范围对比评价

小范围对比评价是通过相对分来展示的。在企业价值评估界面可以通过筛选项设定对比的企业范围，在企业列表中可以查看各家企业在本范围内的相对分和绝对分情况，并可据此进行排名，也可以查看评分雷达图，了解其各个一级指标的得分情况。企业价值评估界面如图 3-20 所示。

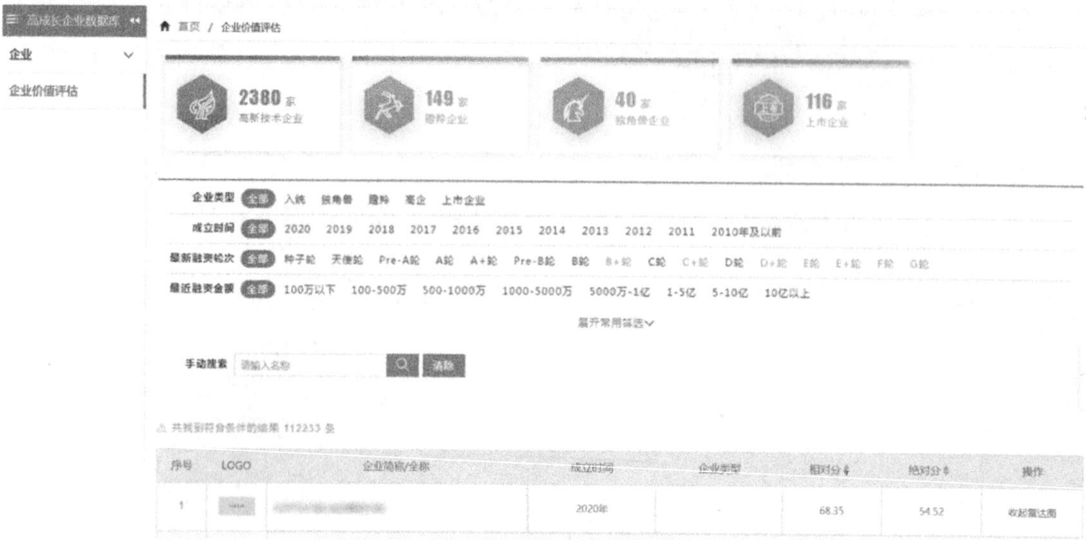

图 3-20　企业价值评估界面

企业价值评估界面结构与高成长企业库的全部企业界面结构完全相同，但企业筛选结果列表中增加了以下内容。

一是相对分，展示该企业在本次筛选范围内的相对分数。

二是绝对分，展示该企业的绝对分数。

三是评分雷达图，单击“展开雷达图”后，出现该企业的价值评估雷达图。企业价值评估雷达图如图 3-21 所示。

只有在企业价值评估界面可以同时看到企业智能化价值评估的相对分和绝对分。相对分会随着筛选内容的改变而改变，仅体现该企业在该筛选范围内的价值情况。

图 3-21　企业价值评估雷达图

（3）全量对比评价

全量对比评价是通过绝对分来展示的。绝对分是针对企业实际情况打出的分数，由于企业差距较大，相似企业的绝对分差距可能极小。该分值既可以在所有企业间横向比较，也可以在不同时间段纵向比较同一企业的发展情况。绝对分可以在企业价值评估界面和雷达图中显示，还可以在企业详情界面看到。

高成长企业数据库的企业详情界面如图 3-22 所示。

图 3-22　高成长企业数据库的企业详情界面

高成长科技企业智能化价值评估系统在原本的高成长企业数据库的企业详情界面中增加了智能评估相关功能模块。

进入企业详情界面后下拉页面，或单击图 3-22 中的“智能评估”选项卡可以看到智能评估的相关内容。智能评估包括相对分和绝对分，在企业价值评估界面可以同时看到相对分和绝对分，在企业详情界面则只能看到绝对分和所有二级指标的得分情况。因为在企业详情界面，我们不知道所选择的企业的相对对比范围，所以界面无法展示相对分。

智能评估前半部分展示该企业各个一级指标评估的具体分数。智能评估中一级指标得分如图 3-23 所示。

智能评估

总分	规模和贡献度	研发创新能力	人才储备
68.55	10.99	14.53	12.65
投融资能力	**创业资质**	**竞争能力**	**征信**
9.35	8.22	5.73	6.9

图 3-23　智能评估中一级指标得分

前半部分展示的字段有 8 项，具体如下。

一是总分，展示该企业的绝对分总分。

二是企业规模和贡献度，展示该企业规模和贡献度一级指标的分数。

三是研发创新能力，展示该企业研发创新能力一级指标的分数。

四是人才储备，展示该企业人才储备一级指标的分数。

五是投融资能力，展示该企业投融资能力一级指标的分数。

六是企业资质，展示该企业资质一级指标的分数。

七是竞争能力，展示该企业竞争能力一级指标的分数。

八是征信，征信产品一级指标的分数。

智能评估的后半部分展示该企业各二级指标得分。智能评估中二级指标得分如图 3-24 所示，但为了数据的保密，这里仅展示指标值范围（与筛选项一致）和得分范围。

得分范围分为无、低、中、高 4 种，没有获得该数据或该指标值为 0 的得分为“无”。指标值处于满分的 30% 及以下时得分为“低”，指标值处于满分的 30% ～ 70%（含）时得分为“中”，指标值处于满分的 70% 以上时得分为“高”。

一级指标	二级指标	指标值	得分
企业规模和贡献度	营业收入	50万～100万元	低
	营收同比增速	10%～30%	中
	上缴税款	50万～100万元	低
	参保人数	50～99人	中
	子公司数量	0	无
	有效发明专利	10～50件	中

图 3-24 智能评估中二级指标得分

3.2.6 数据解决方案

数据解决方案包含数据指标和数据采集两个部分。

1. 数据指标

本次解决方案设计了“31+*N*”个数据指标，用户可以根据实际需求或数据收集情况选择不同的指标来进行计算，各数据指标及数据资料来源见表 3-8。

表 3-8 各数据指标及数据资料来源

序号	一级指标	备选二级指标	数据资料来源
1	企业规模和贡献度	营业收入 / 万元	企业自报
2		营收同比增速	企业自报
3		上缴税款 / 万元	企业自报
4		参保人数	企业自报 / 互联网
5		子公司数量	企业自报 / 互联网
6		有效发明专利量	企业自报 / 互联网
7	研发创新能力	研发投入 / 万元	企业自报
8		创新成果产出数量	企业自报
9		承担各级科技项目情况	企业自报 / 互联网
10		产学研合作事项数量	企业自报
11		海外合作方式数量	企业自报
12		建立研发机构情况	企业自报 / 互联网
13		失效专利比例	互联网
14		发明专利平均有效时长	互联网
15		最近一年新授权的发明专利量	互联网

续表

序号	一级指标	备选二级指标	数据资料来源
16	人才储备	硕博人员数量	企业自报
17		研发人员数量	企业自报
18		高技能人才数量	企业自报
19		硕博人员占总员工比例	企业自报
20		研发人员数量占总员工比例	企业自报
21		高技能人才数量占总员工比例	企业自报
22		企业创办人入选人才计划类型	企业自报 / 互联网
23		万人计划人才数量	企业自报 / 互联网
24	投融资能力	参与产业发展或创新创业基金	企业自报 / 互联网
25		债券融资、股权融资或其他融资	企业自报 / 互联网
26	企业资质	高新技术企业及连续认定情况	互联网
27		瞪羚企业及连续认定情况	互联网
28		获得各级奖励情况	企业自报 / 互联网
29	竞争能力	所处产业发展趋势	专家评估
30		与当地产业契合度	专家评估
31		同类专利技术竞争对手数量	互联网
32	征信	各类征信产品	各类征信产品

2. 数据采集

数据采集分为企业自报及专家评估、互联网采集两个部分。

（1）企业自报及专家评估

企业自报的数据采集相对简单，通常来自调查问卷和企业申报各类政策时填报的数据。

专家评估仅对各产业发展趋势和当地主导产业进行评估，这两个指标仅包含 4 个结论，颗粒度较粗且不会频繁变更，因此不需要频繁地进行专家评估。

（2）互联网采集

互联网采集分为采集范围、清洗入库标准两个部分。

① 采集范围。企业数据的采集范围为国家市场监督管理总局的公示数据及国家企业信用信息公示系统、中国执行信息公开网、国家知识产权局商标局（中国商标网）等官方网站的数据。

研发机构数据的采集范围为中国科学院、教育部、各地科技局，以及科技资源平台等官方网站的数据。

服务机构数据的采集范围为国家知识产权局、科技部火炬高技术产业开发中心及国家市场监督管理总局官网的公示数据。

专利数据的采集范围为国家知识产权局专利数据库，采集了 2000 年以来所有公开的发明专利数据。

标准数据的采集范围为国家市场监督管理总局官网，采集了所有公开的标准数据。

科技项目及奖励类数据的采集范围为国家各部门及各省公开的获得各类科技项目、科技奖项的单位名单。

人才数据的采集范围为中共中央组织部办公厅下发的“万人计划”入选人员名单。

投资数据的采集范围为创业邦、新芽等互联网私募基金网站的数据。

② 清洗入库标准。由于企业（机构）改名、半角全角和特殊字符（例如空格）等，难免出现同一企业在各地公布的各类企业名单中的名称与在国家市场监督管理总局公示的名称不一致的情况。因此，在企业数据入库时，系统会自动把所有全角符号都转换为半角符号，部分特殊字符会被去掉或被统一替换。

系统在判断是否录入同一企业时，除了会将名单中的名称与现在的名称进行对比，也会与其曾用名进行对比。将采集的各类数据通过企业（机构）名称（包括曾用名）与企业（机构）进行关联。部分投资事件中并没有公开具体投资金额，此时系统会进行模糊判断，新闻稿中如果提到“上亿元”或“几亿元”，统一按一亿元计算，同理，“上千万元”或“几千万元”按一千万元计算，“上百万元”或“几百万元”按一百万元计算。完全没有公开投资额的按一百万元计算。

3.2.7 验证应用

长城战略咨询在与部分城市的高新区开展各类设计企业价值评价工作中，发现高新区对企业价值评估有很大的需求，但主要受限于高昂的评价成本。因此目前企业价值以综合性评价为主，在综合性评价中各一级指标涉及部分专项评价。

各个高新区的相关评价工作内容不同，信息详略程度不同，功能模块不同，因此，本解决方案初期完成共性模块的整合并新增易用性模块，后期会逐步整合所有已有功能模块，并为各高新区免费升级。以下是应用举例。

1. 光谷瞪羚企业价值榜

武汉东湖高新区自 2011 年起开展瞪羚企业培育工作，瞪羚企业数量由最初的 30

家增加至2020年的460家。

（1）评估对象

考虑到评估目的、被评估企业范围、数据可获取性和有效性，我们选择了460家光谷瞪羚企业（2020年度）做价值评估工作。

（2）评估指标体系

以瞪羚企业申报数据为基础，武汉东湖高新区结合自身的发展情况，初步制定了五大类共19个指标，除了违法处罚记录，其余均为正向指标，无加分项。

（3）价值评估信息化模块设计

本次价值评估没有额外收集企业数据，以企业申报数据为主体，以公开数据抓取为补充。其中，企业申报数据主要是指2020年申报瞪羚企业时，企业填写的各类数据，没有为本次评估增加申报内容；公开抓取数据主要涉及投融资、知识产权等方面。

价值评估计算：根据武汉东湖高新区指标体系、指标权重、积分计算方法设计积分计算模型，结合采集的企业数据，开展2020年度光谷瞪羚企业价值计算。

培育价值展示：以“武汉东湖高新区创新创业大数据平台”为基础，开发2020年度光谷瞪羚企业价值展示模块，展示模块可按各一级指标及总分共6个维度，倒序展示全部企业的得分情况。

（4）价值评估结果运用方式

加速瞪羚企业成长：通过企业价值评估工作，进一步挖掘一批创新能力强、成长潜力大的瞪羚企业，并通过政策等手段有效支持其加强技术研发，助力其成长为独角兽企业。

加强企业精准扶持：运用企业价值评估结果，统筹放大各类政策对高价值企业的有效支持，促进政策和财政资金向高价值企业倾斜，将高价值企业优先纳入科技计划项目、创新平台建设等政策支持范围，优先推荐创新能力强、发展质量高、产品市场竞争力强的企业承担国家、省市重点研发计划项目。

优化瞪羚企业的个性化服务：依据5个一级指标的不同得分情况，总结出几类企业并开展差异化服务，切实推进一系列创新要素朝着各科技企业集中，推动科技企业高质量发展。

2. 应用经验总结

目前的应用存在以下不足。

一是采用了阶梯状得分算法，得分没有平滑过渡且部分二级指标的最小得分差距大于 1 分，这种阶梯状得分无法准确展示各个情况相近的企业之间的差距。因此本解决方案采用了新的得分算法。

二是仅做了综合价值评估，部分在二级指标中做了专项价值评估，这种综合性评估能够使性价比最高，但使用不够灵活。我们通过研究和调研了解到，没做专项价值评估的主要原因还是高成本。而本解决方案可以一次性采集数据，自主形成多个评估（包括综合性评估或专项评估），极大地降低单次价值评估的成本。

三是没有做数据完整度评估，对于部分数据缺失的情况，只能认为没有数据从而不得分。在和其他第三方机构合作后，本解决方案将尝试用人工智能等方式解决数据缺失的问题，并在新增评估、选择指标、设定权重等多个环节中实时更新相关指标，让指标的选择更有据可依。

四是数据采集比较灵活，本解决方案吸收借鉴了相关经验，在保留数据采集灵活性的基础上总结规划出共性部分，并在后续更新中提供新增的二级指标功能，进一步提升指标和数据的灵活性。

3.3 数联铭品：类金融机构监管解决方案

随着我国金融领域改革不断深入，行业竞争格局正发生着改变，以股权众筹、区域股权、融资租赁等为代表的新兴类金融机构介入导致其与传统金融机构之间的界限逐渐模糊。2017 年是金融秩序整顿元年，此后“强监管、强问责”成为金融监管的基调，监管力度、检查力度、处罚力度持续加大。

对大数据体系而言，底层技术框架已趋于完善，技术的融合发展趋势越来越明显，利用大数据助力金融监管、信用建设已成为各监管机构的重要探索方向。本节基于大数据技术趋势及类金融机构风险模式等，尝试对大数据面向类金融监管的应用框架，类金融风险监测预警平台的基本架构、平台功能进行一般性总结探索，并结合具体的应用案例说明大数据在类金融监管领域的应用。

3.3.1 应用背景及类金融行业的监管痛点

“十四五”时期，我国致力于推进金融监管改革，在此背景下，我国必须完善风险预防、处置等相关体系，确保权责一致，实现统筹协调，构建科学健全的金融监管体系。

1. 类金融监管的背景

一直以来，我国十分关注防范金融风险。2017 年全国金融工作会议中指出，要强化监管，提高防范化解金融风险能力；要健全风险监测预警和早期干预机制，加强金融基础设施的统筹监管和互联互通，推进金融业综合统计和监管信息共享。党的十九大报告中也曾指出，深化金融体制改革，增强金融服务实体经济能力，提高直接融资比重，促进多层次资本市场健康发展。健全金融监管体系，守住不发生系统性金融风险的底线。

（1）类金融机构监管的急迫性

在政策的大力支持下，新型金融行业发展迅猛。然而新金融行业模式变化快、市场起步晚，缺乏成熟的监管办法，一些违法违规现象时有发生，因此要加强金融行业监管，有效防控金融风险。

（2）大数据技术的发展应用

当前，对大数据体系而言，底层技术框架已趋于完善，开始向更为高效的方向发展，技术融合的趋势格外显著。例如，算力融合出现以 CPU 为调度核心，协同现场可编程门阵列（Field Programmable Gate Array，FPGA）、专用集成电路（Application Specific Integrated Circuit，ASIC）及各类用于人工智能加速“xPU”的异构算力平台的综合解决方案；流批融合以微批处理的思想实现流式计算；模块融合打造一站式数据能力复用平台。另外，利用大数据技术助力金融监管、反洗钱、信贷风控等也受到监管部门的青睐，大数据可应用于市场主体识别、准入管理、合规数据报送、行业运营监测管理、风险监测预警、事项协同等多项业务。

2. 类金融机构主要的模式与风险分析

2017 年，中共中央、国务院印发《关于服务实体经济防控金融风险深化金融改革的若干意见》，此文件提及类金融机构有“7+4”类。“7 类机构”包含小额贷款公司、典当行、商业保理公司等。“4 类机构”是指投资公司、开展信用互助的农民专业合作社、社会众筹机构、地方各类交易场所。这 11 类金融机构的业态可归纳为 6 种类型，即贷款融资类、交易场所类、中介服务类、投资理财类、资产管理和处置类、兼具吸储和放贷功能类。

从监管的角度看，类金融机构各业态面临的典型风险有以下 3 个方面。

一是典型的违法风险。采用欺诈的方式来发行超出类金融机构经营范围的股票或债券等金融产品；基于不合法基础交易合同展开商业保理业务；直接或变相开展贷款或受托贷款、受托投资等业务；直接或间接从事非法集资，通过债券或收益权转让、资产证券化、定向委托投资等形式变相向社会公众募集资金；采取阴阳合同等形式，变相发放高利贷，逾期时采取暴力催收贷款等。

二是典型违规风险。未向借款人充分揭示投资风险，会计核算不规范；信息披露不合规，募集金额超标，存在多种不同业态产品在同一界面出现的情况，或出现规定业态外的金融产品。

三是风险传导。类金融机构紧密衔接于正规金融机构，例如，其一般情况下必须得到正规金融机构的扶持，才可以维持本来的业务模式。因此，类金融机构包含的风险或许会引申至金融体系当中，导致系统性风险的发生。

3. 类金融行业监管现状、痛点与趋势分析

通常情况下，类金融机构被纳入地方性机构中，不持有牌照，在监管模式上以地方政府监管为主，而中国人民银行、中国银行保险监督管理委员会（以下简称银保监会）等则发挥制定规则的作用。

（1）类金融行业监管现状、痛点

2018 年 4 月之后，中国人民银行和银保监会负责拟定小额贷款公司、地方资产管理公司（Asset Management Companies，AMC）的监管规则，商务部等参与了典当行、商业保理公司的经营规则制定等工作，具体日常监督管理职责仍由省级人民政府指定地方金融监管部门承担。

受监管模式分散、监管技术滞后，以及风险动态实时变化等因素的制约，目前，类金融机构监管存在以下四大痛点。

一是监管职权分散交叉、按属地划分，易形成监管真空，全面监管难。基于互联网快速衍生的新业态、新行业，难以被准确定位和及时纳入监管，新金融企业具有一定“隐蔽性”，难以有效覆盖实际进行金融活动的企业或机构，类金融机构数量大、分布广，难以全时段覆盖所有地区和机构。

二是在当前监管体系下，协同监管难。职能上需要中央和地方协同，地方上省、市、区协同，区域内金融局与其他监管单位的跨部门协同，具体实现需要从数据协同共享、业务流程协同打通、重大事项协同决策层面进行。然而，目前的机构、制度、数据基础建设条件实现上述协同的成本高、效率低。

三是监管数据分散，信息不对称，风险预警滞后，提前预警难。当前，地方监管部门

风险信息主动获取能力、数据分析穿透力不足，市场准入和经营合规审查两大前端监管环节缺乏有效工具支撑，相关监测预警手段无法快速更新。

四是风险动态变化快，需要监控的对象体量大，缺乏有效支撑手段，风险跟踪与监控难。新金融行业模式变化快，而风险监控和跟踪缺乏有效的手段和技术，由此对监测主体的风险情况时序跟踪、预警、处置变得困难。

（2）类金融机构的监管趋势

2017 年，全国金融工作会议召开之后，类金融机构获得了良好的发展。2018 年后，我国对融资租赁、小额贷款公司等相继出台了一系列监管文件，类金融机构开始逐步标准化运作，同时受到了严格监管。从监管导向上看，类金融机构受到各部门监管的趋势更为显著。从大数据发展趋势上看，结合金融监管在实际发展过程中所提出的需求，应尽可能利用大数据的优势之处，整合类金融机构的多维数据，对类金融机构进行信用画像，并通过对类金融机构的信用全生命周期进行动态监测，达到全链条、多方位的有效监管，这将成为类金融机构监管的重点。

3.3.2 大数据征信面向类金融监管的应用框架

大数据征信面向类金融监管即依托互联网和大数据技术，构建出以“人”等各项要素为中心的行业风险分析模型，以此来精准评估风险，并第一时间予以干预，将本来的类金融治理从粗放监管转化为主动监管，实现精准管控。

1. 建立地方金融业态的动态信息数据库

构建科学完善的数据采集和交换系统之后，能够动态采集金融机构的各种类型的数据信息，重点采集股权投资机构等多样化金融机构的基础数据信息，并构建省级金融信息数据库，第一时间了解金融动向。

2. 构建“人”“资金”“业务”风险分析模型

基于多方位收集的数据信息，建立以“人”等各项要素为中心的综合模型，并专门设计预警指标，达到理想的动态监测效果。基于“人”的模型，并结合企业股东、税务部门等关联的信用信息，绘制相匹配的全息画像，以此来构建相应的风险评估模型。基于“资金”的模型，在出现严重的资金异动情况下，需要收集异常名录，并知晓大额资金账户中存在的异动问题，而后结合非法集资模型特征，能够构建对应的资金分析模型。基于“业务”的模型，需要对公司经营风险进行画像构建，再结合第三方数据机构所提供的相关资源及行业的基本特征，依次构建风险模型。

3. 研发全局监测预警平台

围绕地方金融风险聚集及发展的趋势及时预警，做好对新金融大数据的加工细化，参与新金融风险数据建模，在各地构建相应的全局预警体系，形成具有企业经济金融异常行为预警、企业全风险画像构建、地域级监测预警信息展示、数据库管理、群众举报与线上监管关联等功能的研发平台。强化大数据平台对加强金融风险监管的技术支撑作用，依靠全国与各地新金融大数据平台或大数据库对金融风险进行全面监管和及时预警。

3.3.3 类金融风险监测预警平台架构及平台功能

我们从平台架构和平台功能两个方面进行说明。

1. 平台架构

类金融风险监测预警平台在实际设计过程中，遵循“数据驱动，追根溯源”的基本思想，先收集各种类型的金融数据，再对这些数据展开相对深入的统计分析，并借助数据挖掘等方式精准识别类金融风险。平台核心流程可以分为数据采集、数据清洗预处理、机器学习建模、平台可视化呈现、风险精确定位等。类金融风险监测预警平台架构如图 3-25 所示。

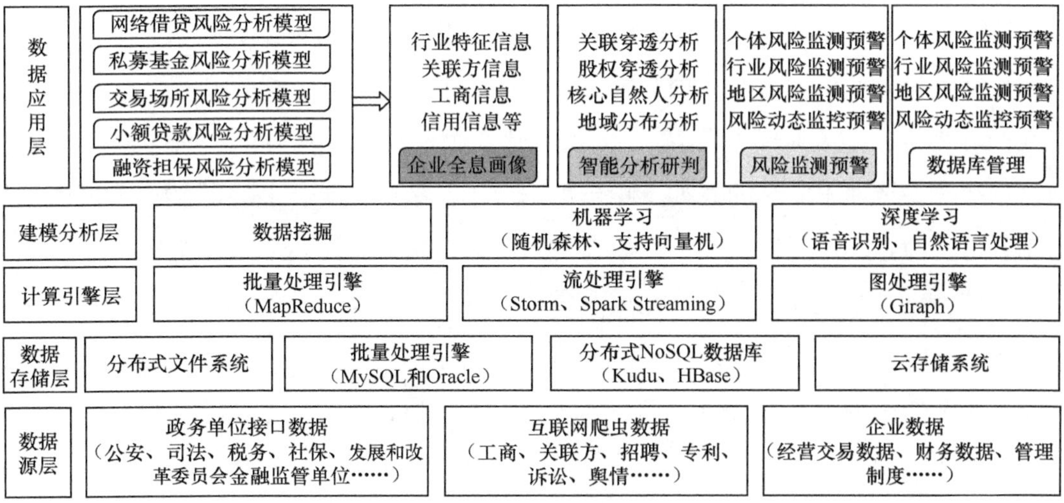

图 3-25 类金融风险监测预警平台架构

（1）数据源层

具体来说，在数据源层上，使用工商数据、关联方数据、舆情数据、法院行为信息数据、投诉举报数据、企业数据、财务数据和监管单位数据等多源异构数据。在采集技术上，通常针对不同的数据源，有数据库采集、系统日志采集、网络数据采集、感知设备数据采集 4 种方式。

第一，数据库采集使用传统的关系型数据库 MySQL 和 Oracle 等来存储数据，而随着大数据时代的到来，键值对数据库（例如 Redis）、文档数据库（例如 MongoDB）和列式数据库（例如 HBase）、图数据库（例如 Neo4J）等 NoSQL 数据库也常用于数据的采集。第二，系统日志采集主要是收集公司业务平台日常产生的大量日志数据，供离线和在线的大数据分析系统使用。高可用性、高可靠性、可扩展性是日志收集系统所具有的基本特征。系统日志采集工具均采用分布式架构，能够满足每秒数百兆比特的日志数据采集和传输需求。第三，网络数据采集是指通过网络爬虫或网站公开 API 等方式从网站上获取数据信息的过程。第四，感知设备数据采集是指通过传感器、摄像头和其他智能终端自动采集信号、图片或录像来获取数据。大数据智能感知系统必须精准识别相对较多的数据，并实现精准定位、接入、监控与科学有效的统筹管理。同时，平台具有必要的虚拟服务器和各种类型的数据库及相应的资源，其中包含了分布式虚拟存储技术、可视化接口技术及压缩技术等多样化技术。

（2）数据存储层

系统获取的工商基础数据、产权数据、诉讼数据、招聘数据、关联方数据等非结构化数据具有分散程度高、数据格式各不相同、形式多样化、数据量呈指数增长、易用性低等特点，需要利用数据清洗技术，例如 MapReduce、Hive 等，对爬取的数据进行清洗，清理不完整的数据、噪声数据、不一致的数据，并将其转换为规范的结构化数据，增强其可用性与操作性。在对相关数据进行科学得当的预处理后，还应当将其存储，大数据处理平台中的数据通常存放在分布式文件系统或云存储系统（例如 Amazon S3、Swift 等）中，为了便于对大数据进行访问或处理，大数据处理平台通常会采用分布式非关系数据库，例如 HBase、Kudu，Kudu 是支持随机读写、联机分析处理（OLAP）的大数据存储引擎。数据存储层能够结合业务需求，切换至相应的分布式存储模式。而 Hadoop YARN 等集群资源管理框架允许多样化存储模式，还可以获得统一的数据处理单元。

（3）计算引擎层

结合大数据多源及数量较多等基本特征，一直沿用的计算模型无法对大数据进行直接处理。数据计算层必须基于云计算并行框架等，才能够实现 Storm 流处理、图处理等，具体如下。

MapReduce 是开源大数据处理框架 Hadoop 的核心计算引擎，主要实现静态的批量数据处理。对于动态的流式数据，通常情况下，技术人员会选用流处理引擎，Storm 是 Twitter 支持开发的一款分布式、开源、实时的大数据流式计算系统。Storm 能够快速可靠地处理源源不断的消息，并具有良好的容错机制。Spark Streaming 是 Spark 中能够求解流式的工具之一，其能够对实时数据流的高吞吐等进行科学得当的流式处理。Giraph 是一个采用整体同步并行（Bulk Synchronous Parallel，BSP）计算模型的开源并行图处理系统。

（4）建模分析层

基于处理引擎提供各种基础性的数据计算和处理功能。大数据处理平台中通常会提供一些用于复杂数据处理和分析的算法，例如，数据挖掘、深度学习等，具体则有分类、聚类、逻辑回归等传统统计分析方法，以及决策树、随机森林、k-means 算法、K 最邻近分类（K-Nearest Neighbor，KNN）算法、支持向量机、神经网络等机器学习方法和模拟人脑进行分析学习的深度学习算法。利用这些算法进行反复迭代和优化，结合新兴金融行业业务风险框架与数据特征，建立风险特征模型。

（5）数据应用层

数据应用层需要达到大数据分析提出的诸多需求，不仅如此，分析结果还要能够传递至决策支持环节中。在接入并处理海量数据后，通过多组模型不同算法进行反复迭代和模式匹配，建立起分行业的非法集资风险监测模型。例如，网络借贷风险分析模型、私募基金风险分析模型、交易场所风险分析模型、小额贷款风险分析模型等。然后利用可视化、知识图谱技术形成企业全息画像、智能分析研判、分行业分地区风险监测预警、数据库管理等功能版块。通常情况下，大规模数据可视化的技术会结合多分辨率表示等方法，以获得足够的互动性能。并行可视化工作主要涉及数据流线化、任务并行化、管道并行化和数据并行 4 种基本技术。

2. 平台功能

类金融监测预警平台的大致功能应包含 3 个部分，具体如下。

一是企业全息信息展示及智能分析研判等模块，主要实现对全息信息的展示、关联风险的揭露，通过平台搜索引擎包括但不限于展示行业特征信息，企业工商、经营、信用、关联方信息等全息信息，通过深度智能分析描绘企业的一度、二度、三度关联方图谱，进行关联风险、关联路径、股权穿透、核心自然人、地域分布等深度挖掘分析，解析目标企业的关联传导风险、资金链的风险情况等。

二是风险监测预警模块，主要提供企业、行业、地域等全面且多维度的风险监测预警展示。具体看来，提供高危预警、重点关注、持续关注、黑名单企业的行业分布、榜单展示、风险指数、风险预警等功能，并对新进入榜单的企业进行重点标识提示；对行业违规分布、违规企业地域、数量及违规类型集中度进行总结分析，对不同行业自融自保、非法集资、资金链断裂等违法违规现象进行预警；对全国、省、市、区 4 级风险联动统计展示，实时统计和分析新金融风险指数、新金融发展趋势、新金融地域分布、预警 / 处置企业数量变动情况，并支持省 / 直辖市间投资流向展示，展示企业跨地域投资行为等。

三是监管数据库管理主要支持新金融大数据监测预警平台的监管规则库、模型指标库、动态监管对象库、用户个人数据库等平台基础数据库的增、删、改、查等功能。

3.3.4 典型案例

下面通过“冒烟指数”、苏州市金融风险大数据监测预警平台、宁波市“天罗地网”监测防控系统这 3 个典型案例，深入分析类金融机构风险监测预警体系。

1. “冒烟指数”

“冒烟指数”在研究初期，将“烟”和“火”比作该项指数与集资类企业从事非法集资的程度之间的关系，并应用到大数据技术。在金融风险监管过程中，“冒烟指数”不仅运用了大数据、机器学习等科学前沿的技术，还在应用逻辑方面导入了数量较多的数据，依托机器学习即可绘制知识图谱或构建相应的模型，通过不同算法和神经网络对互联网金融风险进行科学精准的预测，精准识别风险并将其量化，最后达到精准控制的目的。

综合来看，“冒烟指数”运用到了工商数据、舆情数据、投诉举报数据及监管机构数据等多源异构数据，累计涉及约 150 个数据项，从中得到了约 320 个变量，获得收益率偏高指数、传播力指数等风险分析子模型，最后，由相关专家研判模型确定相应的信用风险评分。从各个子模型方向着手，可精准预测集资类企业的实际信用风险情况，打破了传统信用风险评估过程中，仅能使用某特定模型受到的局限，让预测结果更具精准性。经典的“冒烟指数”建模流程如图 3-26 所示。

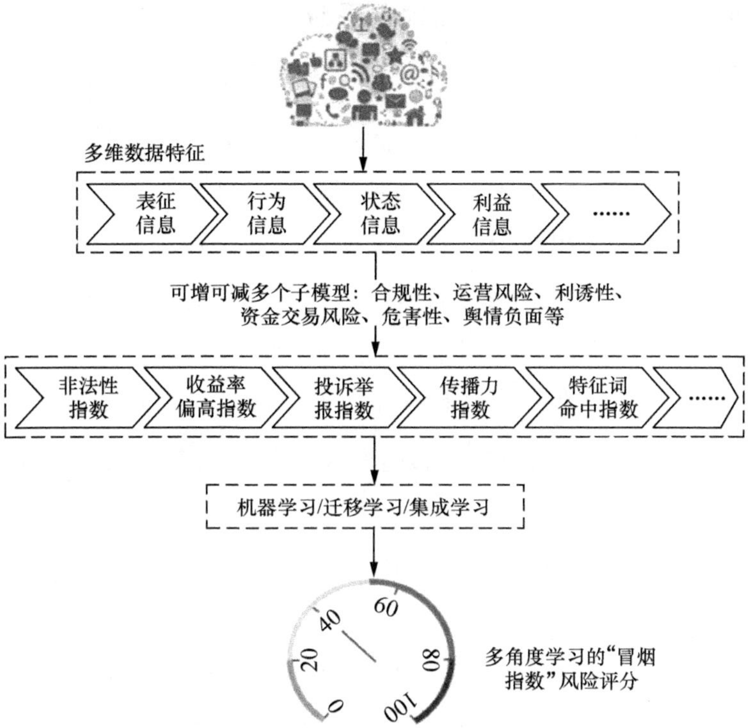

图 3-26　经典的“冒烟指数”建模流程

多角度学习的“冒烟指数”风险评分，主要从以下方面着手，深入探究金融企业风险。

第一，重点区域风险排查。依托于已经构建的定量模型，对部分重点地区进行大规模的风险排查，能够筛选出高风险企业。

第二，集群风险挖掘。深入挖掘某特定园区的相关企业成员彼此间存在的内在关系，能够筛选出比较核心的企业，第一时间规避风险传递的可能性。

第三，关联风险挖掘。需要细致剖析目标企业对应的关联图谱，由此筛选出核心企业。

第四，人员分析。细致剖析投资人所在地等相关信息，与相关部门联动处置。

第五，资金流风险分析。对相关企业所关联的重点核心账户进行科学精准的识别，筛选出核心人员。

第六，运营风险分析。应当监测企业集资金额等环节的变动，第一时间发现企业在日常运营过程中做出的异常行为。

“冒烟指数”为重庆市研究出的一项关键技术，已经逐渐演变为非法集资风险监测领域公认的评测标准。不仅如此，该项技术还在金融监管环节获得了广泛应用，在风险排查等环节发挥了尤为关键的作用。

2. 苏州市金融风险大数据监测预警平台

苏州市金融风险大数据监测预警平台实现了苏州市约 1.9 万家投资理财类企业的系统化监测，具备风险监测预警、全息信息查询、举报分析三大模块，构建了关联图谱模型与非法集资风险模型，计算风险指数，及时将高危企业、重点监控企业名单推送给主管部门，实现了金融风险智能化监测的初步探索与尝试。

在数据资料来源上，预警平台充分依托地方企业征信平台的数据资源，通过互联网信息抓取技术，汇集了全国范围内企业的工商、法院、招聘、舆情和政府自有数据信息 2 亿余条，依靠对企业资本背景、关联关系、扩张路径、人才招聘、诉讼举报、政府信息等海量数据的清洗、整合与关联，将一条条数据转化成直接明了的“语言”。

在模型应用上，平台运用关联图谱模型，可以及时分析出企业股东与实际控制人的背景和资本实力，识别企业错综复杂的股东、投资与任职关系，洞察企业的扩张速度与衍生路径；风险指数模型能及时计算风险分值，成为评估类金融企业依法合规的一把“标尺”，能够有针对性地找出问题突出的地区、企业，并实施全面监测。这样的智能识别、精准画像，让非法集资企业无处遁形。

3. 宁波市“天罗地网”监测防控系统

宁波市与国家互联网应急中心合作，依托其齐全的互联网金融基础数据库，以及金融科技技术，研究出了科学有效的“天罗地网”监测防控系统。

该系统包含了“天罗”及“地网”两大子系统。其中，“天罗”主要基于现有的大数据平台，紧密衔接相对较多的监测数据，依托人工智能等技术，构建出实时线上监测体系。此外，“地网”主要基于已构建的网格化管理平台，紧密衔接数量较多的网格排查信息，再和日常生活中的监管相结合，使线下监测体系更为全面。

综合来看，这一系统不仅能够进行科学有效的风险监测，还能够第一时间做出预警。在风险监测方面，系统对互联网广告等进行了 24 小时不间断的监测，实时关注虚假宣传等各种类型的异常行为。在风险预警方面，这一系统还结合科学完善的核心预警指数模型，得到了相应的指数，细致剖析机构股权关联，筛选高风险信息。在风险处置方面，其将所得的风险监测结果推送给部分地区，以进一步处理。采取差异化处置方式，对风险相对较低的事件及时处置，对属于中风险的事件，则确定某一时间范围进行处置，对高风险事件制定流程，积极反馈。在机构监管方面，该系统对相关金融机构专门设计恰当的监管模块，而后归纳数据，跟踪监管多业态行为。在统计考核方面，该系统在规定时间内生成比较完善的风险评估报告，经过手机 App 将风险处置情况等第一时间传递给相关部门，确保责任层层落实。

这一系统有助于宁波市在线上及线下对全部工商注册企业在非法集资方面进行有效防控，并能够对类金融机构所面临的风险展开全天候的监测。系统在试运行期间，就已识别发现类金融机构 20000 多家，线上运营平台 170 余家，上报金融事件 10000 多起，帮助政府部门逐步实现对金融风险全链条、多方位的监测预警，从粗放式检查逐步过渡至精准性监测。

3.4 西部资信：产业园区企业大数据征信及智能评估解决方案

随着产业园区的演化和发展，产业园区承载的功能日益多元化，大量城市要素和生产活动在区内聚集，推动了产业园区的城市化进程，园区经济与城区经济逐渐走向融合。现代园区正向着智慧化、创新化、科技化转变。

3.4.1 现状分析

产业园区营商信用现状主要有以下四大方面。

1. 园区营商环境缺少信用保证

一般情况下，企业在交易期间十分关注信用关系，若交易一方无法履行预先做出的承诺，致使另一方受到不必要的损失，则会产生企业信用风险。其中，企业客户到达指定期限后未进行付款或到达指定期限后无力付款是比较常见的风险表现。对于绝大多数企业而言，客户是长期且稳定的财富，但也具有巨大的潜在风险。应收账款无法第一时间回收，会让企业的流动资金比较紧张，长此以往，企业在日常经营方面会存在困难。因此，企业必须第一时间构建信用风险管理系统，同时，辅以行之有效的信用策略，参与一系列业务活动，对客户资信进行深入调查、选定恰当的付款方式、设立合理的信用限额，对各个环节进行科学有效的精准控制。这些举措均有助于扩大销售，并且尽可能减少不必要的经济成本。

2. 园区企业直接融资渠道窄

“融资难、融资贵”已经阻碍了我国诸多中小企业的发展之路。园区企业以中小企业为主，主要依靠自身积累、内源融资，普遍缺少可抵押的资产，无法承受高额的担保费用，极大地制约了企业的快速发展。

3. 园区企业信用价值未变现

企业和相关金融机构之间存在十分突出的信息不对称情况，企业信用价值难以变现。企业往往会有关联交易比较复杂的问题，且存在财务制度不够完善、透明度低、资信度不高等问题。银行常常因企业信用信息不对称、贷款的交易和监控成本高且风险大而不愿放款。因此，园区亟须搭建信息化平台，通过政府对企业提供智慧施策、精准扶持、跟踪问效等服务，帮助金融机构实现智能匹配、贷前监测、风险识别等业务应用。

4. 金融机构融资成本高

传统企业融资方式或传统融资服务平台主要发挥的是信息中介的作用，缺少中间机制连接企业、信用服务机构、金融机构系统，以至于金融机构收到企业融资需求后，需联系企业，进行大量线下核实工作，这不仅影响贷款效率，也使金融机构人工成本居高不下。

3.4.2 需求分析

产业园区的需求主要有两个方面：园区企业融资服务需求和园区企业基础征信服务需求。

1. 园区企业融资服务需求

根据国家有关金融信贷政策，西部资信积极衔接园区各个金融机构、类金融机构，结合金融机构所推出的信贷产品，建立符合各类信贷产品要求的指标体系、风控模型和支撑系统；基于已归集的信息，将企业信用与融资信用紧密关联，并充分发挥信用信息共享的叠加效应。一是为有贷款需求且信用良好的市场主体尤其是中小企业，出具与其贷款需求相对应且能被金融机构认可的信用评级报告，为各级、各类金融机构开展融资业务提供支撑；二是做好贷款需求方和提供方的桥梁，实现快速查询信用贷款产品，加快贷款办理速度，为各金融机构提供贷前、贷中、贷后的洞察、监测、跟踪贷款需求方动态，降低银行贷前审查成本、授信风险，缩短贷款整体流程；三是向政府提供全面、及时的贷款需求方的信贷融资分析报告，为政府提供决策依据。

2. 园区企业基础征信服务需求

当前，我国“放管服”改革正在如火如荼地进行，在此背景下，信用监管已开始演变为未来一段时期内主流的监管模式。企业在发展过程中需要一个能够提供多元化信用服务的平台。该平台需要向用户展现信用评价、信用报告、信用核查、信用修复、信用承诺、信用异议等服务，为企业提供全面信用服务，给予金融机构风险监管一定的支撑，为企业发展提供便捷服务。

其中，信用信息核对指实名认证法人可对查询的自身信用信息进行有效性和真实性的信息核对，对核对无误的信息进行确定，对有异议的信息可发起异议申请。异议申请指为已注册的各信用主体提供信用信息异议申请渠道，在线查询处理状态和结果，回溯历史异议申请信息；信用修复指平台为失信企业提供多种信用修复渠道，相关企业可选择对应的渠道进行信用修复申请；信用评价以企业主体关联的信用信息为基础，平台根据不同业务场景自动输出对应企业的信用评价结果。

3.4.3 应用解决方案

西部资信为产业园区打造以企业征信大数据为基础，通过多行业、多场景的信用评分模型，实现企业与政策产品、担保产品、融资产品的精准匹配和对接，为企业提供一站式、标准化的“互联网 + 融资”的大数据征信平台。

1. 平台总体框架

产业园区企业大数据征信平台应用总体框架如图 3-27 所示。

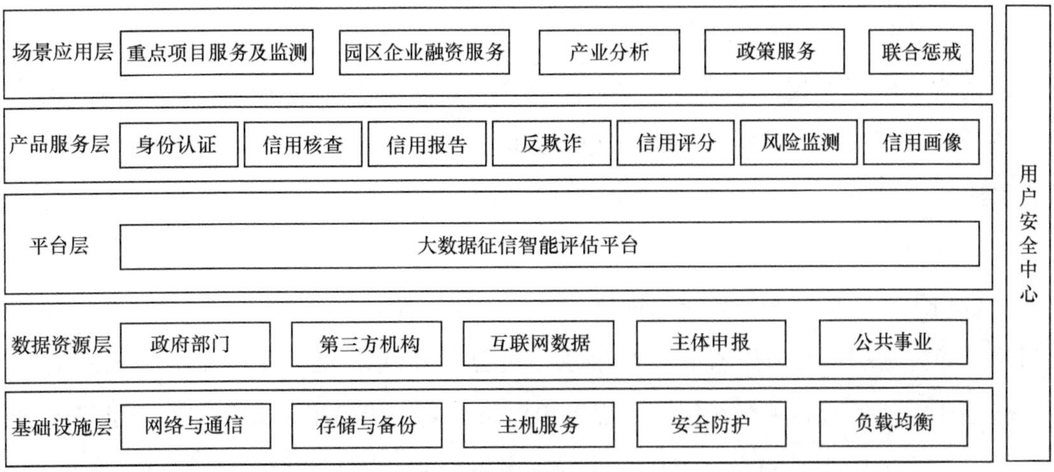

图 3-27 产业园区企业大数据征信平台应用总体框架

2. 平台功能

（1）产业分析

产业分析系统整合园区相关部门数据和社会化产业经济运行动态信息，全面精准把握资源布局和产业运行的实时动态，构建可逐级下落的区域、产业、企业金融服务信用分析体系，实现全区产业信用的深度分析、优化布局，为决策提供及时、准确、全面、直观的区域产业信用可视化分析，为市政府及管委会优化管理流程、提升服务效率、强化事中事后监管 3 个方面提供数据支撑，使各部门在园区产业信用监管方面高效联动。

（2）园区企业融资服务

平台基于用户画像，依据企业信用等级，基于企业融资需求，给予相对较多的中小企业各种类型的在线融资服务，实现金融产品智能匹配，为金融机构精准推荐合适的有融资需求的企业。

（3）重点项目服务及监测

平台对园区项目的总体情况和重点项目进行具体透视分析，通过项目的基本情况结合项目信用信息综合分析，为政府提供园区项目落地全过程监管。具体内容包括园区项目概览、重点项目、项目详细信息、建设单位信用等级评级、建设单位信用监测、项目相关企业监测等。

（4）政策服务

平台基于大数据技术采集相关政策数据，进行政策智能解读和分析，并结合企业的信用特征、经营特征、行业特征，实现政策服务的精准匹配，构建政策精准匹配工具，为企业提供及时、精准的政策推送服务。

在企业获取相关政策支持后，平台围绕企业的信用情况展开科学精准的动态监测，及时查看政策落实效果及发现企业在获取政策后的风险状况，从而为政府部门的精准施政提供决策支撑。

（5）联合惩戒

平台利用数据接口等符合国家网络安全和数据安全标准的手段，将失信主体嵌入各类机构业务办理端，实现失信主体的自动拦截提醒、信息推送、执行反馈、跟踪监测。

核心功能包括黑名单拦截提醒、黑名单记录查看、黑名单反馈 3 项。一是黑名单拦截提醒。在产融应用过程中，当机构端受理融资需求、产品申请、服务申请等业务时，系统自动根据申请主体标识获取黑名单记录，并在界面上进行拦截提醒。二是黑名单记录查看。机构端可查看主体的黑名单记录详情。三是黑名单反馈。机构在受理业务时，针对黑名单主体做出相应判断，并反馈结果。

3.4.4 模型设计

1. 模型概述

西部资信基于信用分析方法，采用以现代风险为导向的评价方式，运用评价计量模型，借鉴企业文化管理、学习型组织管理、文化链管理、企业风险管理、企业财务管理等理论，结合我国实际国情，从信用保障能力等方面入手，专门对中小企业构建科学合理的综合信用评价指标体系。

2. 模型评价对象

模型根据不同行业的评价对象特征，通过划定区域和行业、筛选指标、设定权重、建立模型进行综合分析来确定其综合信用等级，并基于对不同行业风险水平的分析和判断，对中小企业综合信用等级的客观性和一致性进行验证，以适应不同评价对象的风险特征，保证评价方法的科学性。评价指标和评分标准根据评价对象性质及其所处行业的不同而有所差异，尽可能发挥评价的风险管理工具作用，保证评价模型的可操作性。

运用综合评价模型对园区 12 个行业进行行业综合评价。行业分类见表 3-9。

表 3-9 行业分类

序号	行业分类
1	制造行业
2	电力、燃气行业
3	水的生产和供应行业
4	建筑行业
5	交通运输、仓储和邮政行业
6	信息传输、计算机服务和软件行业
7	金融行业
8	房地产行业
9	租赁和商务服务行业
10	水利、环境和公共设施管理行业
11	居民服务和其他服务行业
12	卫生、社会保障和社会福利行业

3. 模型基本指标

基本指标为中小企业综合信用评价指标体系的共性指标，由三级指标组成。其中，一级指标包括基本信用素质、信用保障能力、信用行为记录。

① 基本信用素质（基础信用度）：企业决策者的价值取向，也是企业在经营过程中推崇的基本信念和追求目标。

② 信用保障能力（商务信用度）：企业履行承诺、实现自身价值的综合性能力。

③ 信用行为记录（社会信用度）：企业承担利益相关方责任、承诺兑现（守信）或不兑现（失信）的情况。

4. 模型专项指标

专项指标是指在基本指标的基础上，根据被评价企业所在不同行业特点制定的个性指标，其根据被评价企业所处行业的不同而有所差异。行业组织参与信用评价时，可在基本指标的基础上制定个性化的指标。

5. 模型评价方法

在进行中小企业综合信用评价时，需要多方位收集和企业有所关联的信用信息，细致剖析企业的信用情况，以此来判定企业信用等级。

综合信用评价的评分指标划分为 3 个一级指标、8 个二级指标、28 个三级指标。信用评价基本指标体系名称及说明见表 3-10。根据评分依据，采用百分制进行评分，满分为 100 分，其中，包含了基本信用素质（30 分）、信用保障能力（40 分）、信用行为记录（30 分），如果企业出现了重大经营损失，需要酌情扣分，但最多只可扣 10 分，对于存在严重且不可修复失信记录的中小企业不予综合信用评价。

表 3-10　信用评价基本指标体系名称及说明

一级指标	二级指标	主要评价内容	权重
基本信用素质（基础信用度）（30 分）	基本素质	资本实力	10 分
		股东实力	
		连续经营年限	
		法定代表人及企业高管信用状况	
	管理水平	法人治理结构情况	12 分
		管理制度建设情况	
		管理团队整体素质	
		管理体系认证情况	
		企业内部信用管理体系建设情况	

续表

一级指标	二级指标	主要评价内容	权重
基本信用素质（基础信用度）（30分）	社会责任	支持和开展社会公益事业情况	8分
		员工权益保障情况	
		客户或消费者权益保障情况	
		其他社会责任履行情况	
信用保障能力（商务信用度）（40分）	发展能力	企业所处行业发展前景	10分
		市场竞争力	
		企业成长性	
	运营能力	盈利能力	20分
		偿债能力	
		创新能力	
	履约能力	取得的专项许可或资质等级	10分
		技术实力	
		合同履约情况	
		其他影响履约能力的重大事项	
信用行为记录（社会信用度）（30分）	良好记录	政府主导建立的信用信息平台（系统）记录的5年以内的荣誉信息	5分
		受评企业提供的5年以内的荣誉信息	
	不良记录	人民银行征信系统记录的5年以内的不良信息	25分
		政府主导建立的信用信息平台（系统）记录的5年以内的不良信息	
		其他征信调查获得的5年以内的不良信息	
总计			100分

（1）模型输出等级

企业综合信用等级划分标准见表3-11。信用服务机构应当遵循这一标准，这里我们选用了三等九级。

表3-11 企业综合信用等级划分标准

级别	综合评分	释义
AAA	≥90	表示该企业信用优良，资金实力雄厚，资产质量良好，经营管理水平高，经济效益明显，不确定因素对其经营与发展影响极小，履约能力很强
AA	≥80 <90	表示该企业信用良好，资金实力较强，资产质量较好，经营管理水平较高，经济效益稳定，不确定因素对其经营与发展影响小，履约能力强
A	≥70 <80	表示该企业信用较好，资金实力、资产质量、经营管理、经济效益等指标处于中上等水平，经营总体处于良性循环状态，不确定因素对其经营与发展影响较小，履约能力较强

续表

级别	综合评分	释义
BBB	≥ 60 < 70	表示该企业信用尚可，资金实力、资产质量、经营管理、经济效益等指标处于中等水平，可能存在不确定因素，但无大的风险，履约能力尚可
BB	≥ 50 < 60	表示该企业信用较低，资金实力、资产质量、经营管理、经济效益等指标处于中下等水平，存在一定风险和不稳定性，履约能力较弱
B	≥ 40 < 50	表示该企业信用低，资金实力、资产质量、经营管理、经济效益等指标处于下等水平，存在较大风险和不稳定性，履约能力弱
CCC	≥ 30 < 40	表示该企业信用差，资不抵债且无明确的资本补充资料来源，经营困难，存在很大风险和不稳定性
CC	≥ 20 < 30	表示该企业信用很差，濒临破产，存在重大风险和不稳定性
C	< 20	表示该企业无信用
特殊事项控制规定	① 企业成立时间不满两年，或者财务报表未经审计，或者未按时公示年报的，信用等级不宜超过 A 级； ② 企业近 3 年有不良信用记录的，信用等级不超过 AA 级； ③ 企业近 3 年累计有 5 条以上不良信用记录的，信用等级不超过 BB 级； ④ 企业被列入国家或各地方政府信用信息平台严重失信“黑名单”的，直接确定为 C 级； ⑤ 发现企业提供虚假信息的，直接确定为 C 级	

（2）模型输出内容

企业综合信用等级评价模型输出内容主要包括 5 项，具体内容如下。

① 企业基本信息，商务信用度、基本结论等。

② 企业基础信用度分析。

③ 企业商务信用度分析。

④ 企业社会信用度分析。

⑤ 综合评价说明及风险提示。

3.5 国信新网：社会信用分与新型社会治理

当前，大数据技术发展较快，这使利用多维度、多资料来源的异构海量数据构建社会信用分成为可能。构建社会信用分大数据评估体系，创新社会治理模式，全面提升社会大众的诚信获得感，打造信用便民服务，成为践行信用创新、打造民生工程、增加群众福祉的出发点。

3.5.1 背景和意义

在构建社会信用体系过程中，不容忽视的部分之一即为个人信用，我们应建立健全个人信用体系，营造正能量的社会氛围。

1. 研究背景

《国务院办公厅关于加强个人诚信体系建设的指导意见》，指出需要切实推动个人公共信用信息服务。2019年，在做好个人信用记录归集的基础上，我国范围内诸多地区均致力于推进个人信用体系的构建，加大对守信主体的激励。

2. 研究意义

当前，我国经济社会处于转型关键时期，而推进信用分大数据评估体系建设，以信用评估为基础优化社会治理和服务模式，是我国优化资源配置、降低管理成本、促进社会互信、减少社会矛盾的重要途径。基于构建信用评估体系，创新社会管理和服务，以正向激励为价值导向，有助于促进全民诚信意识的养成和守信习惯的建立，维护社会和谐稳定。同时，构建信用评估体系是提升城市竞争能力的重要举措。信用分大数据应用不仅可提升政府“放管服”水平，还有助于打造城市“信用”名片，让市场经济秩序更为规范化，提升城市精神风貌。

3.5.2 个人信用评估发展现状

下面从国内和国外两个方面分析个人信用评估的发展。

1. 国内个人信用评估现状

我国开展个人信用评估的模式主要包括商业银行等授信机构主导、政府主导和第三方商业征信机构主导3种模式。其中，商业银行的个人信用评估，主要用于服务内部贷款等授信业务的审核；政府主导的个人信用评估，主要是基于公共信用数据管理和工作中产生的信息；第三方商业征信机构的个人信用评估，主要为需求方提供针对性征信产品和服务。

（1）银行个人信用评估情况

以银行为主导的个人信用评估在我国起步最早，同时也最为完善。

主要特点方面，中国建设银行、中国银行等都建立了个人客户的信用评估体系。这类个人信用评估模型建立的目的主要是服务于银行自身的信贷业务，确保管理大额贷款债权人交易信息并受到金融市场的监管，抑制关系贷款人的不正当贷款，因此设立具有强制性、非营利性的体系。

指标体系方面，银行个人信用评估的数据主要来自业务过程中汇集和记录的个人信贷数据，其涉及的评价指标包含了3个部分：一是基本信息，即标识、职业、身份、居住等信息；二是信贷信息，包含交易、信用卡等相关信息；三是其他信息，即履行相关义务、后付费的非金融负债等信息。

信用评级方面，在个人信用评级上，中国银行由高至低依次划分AAA级、AA级、A级、BBB级、BB级、B级、CCC级、CC级、C级、D级十大信用安全等级，并根据不同等级划定个人客户享受的服务范围。其中，个人信用安全等级在B级及以上将享受相应的授信额度。

借鉴与不足方面，银行个人信用评估具有以下可以借鉴的地方：一是除了主要的信贷数据，银行也考虑运用个人公共信用数据进行交叉验证；二是强调对于偿贷能力的考量，注重考虑个人社会关系信息对个人偿贷能力的影响；三是对个人良好及不良信用记录统筹考虑，通过个人良好及不良信息对个人信用分进行增减。

银行个人信用评估的不足主要表现在：一是数据资料来源主要集中在银行内部，以个人信贷信息为主，且数据都是静态的，只能反映个人历史信用；二是传统的银行机构目前采用的个人网络行为数据较少；三是银行个人信用评估主要应用于信贷领域，专业化较强，难以应用到其他行业领域。

（2）政府个人信用评估模型

我国社会信用体系正处于大规模建设过程中，近年来，地方政府也开始对个人信用进行评估，目前，义乌市、上海市、苏州市、厦门市等城市的个人信用评估建设走在全国的前列。

主要特点方面，地方政府建立个人信用评估模型的目的是推动社会精准化管理，提高公共服务水平，因而设立的方式具有强制性和非营利性特点。地方政府个人信用评估的主要信息来自政府行政部门在管理和工作中记录及收集的企业、自然人数据。

指标体系方面，以义乌市为例，其个人信用评估指标分为3类：一是个人基础信息，包含年龄及收入等基本信息；二是个人良好信息，涉及个人荣誉、职业道德、个人品德等信息；三是个人不良信息，包括行政司法处罚、拖欠公共事业费用等不良信息。

信用评级方面，以义乌市为例，自然人信用分的基础分为 100 分，可加减分，分值控制在 0 ～ 200。分数越高，则代表信用越好。信用等级由高至低，依次划分为信用极好、信用优秀、信用良好、轻微失信、信用较差、信用极差六大等级。

借鉴与不足方面，政府个人信用评估模型具有以下可以借鉴的地方：一是数据资料来源相对广泛、客观；二是在个人不良信用与良好信用的统筹评价方面具有优势，政府部门可掌握大多数个人受到的行政处罚、社会荣誉和奖励等信息，更容易开展个人公共信用评估；三是政府掌握的数据是动态的，因而针对个人信用评估是可以动态变化的，也是可以横向对比的。

政府个人信用评估模型的不足主要表现在：一是重视对个人良好信息和不良信息的采用和评估，在个人基本信用评估方面仍然没有建立成熟的指标体系；二是政府掌握的个人信用数据多而杂，存在数据清洗、筛选等困难；三是一些城市推出的模型仍然大多是对个人历史信用进行评估的，没有做到实时或定时更新；四是政府信用信息平台较少采用个人网络行为数据。

（3）商业机构个人信用评估模型

开展个人信用评估的商业机构包括传统个人征信企业和互联网征信企业两种。

主要特点方面，商业机构个人信用评估主要是以商业利益为导向，开展消费者画像，推动业务创新和拓展，因而具有非强制性和营利性的特点。商业机构个人信用评估的数据主要来自传统金融机构或者以从自身或股东企业深耕领域中产生的数据为主。

指标体系方面，在个人信用评估指标的选择方面，以芝麻信用为例，主要包括五大方面：一是信用历史，即过往信用账户还款记录及信用账户历史；二是行为偏好，即用户在购物、缴费、转账、理财等活动中体现出的行为特点；三是履约能力，即是否具有足够的财富和综合能力来偿还债务或履行约定；四是身份特质，即丰富、真实的学习及职业经历信息，以及实名消费行为；五是社交关系，即综合考虑用户在人际往来中的影响力及好友的信用情况。

信用评级方面，以芝麻信用为例，芝麻信用分数在 350 ～ 950 分，分数越高，信用越好，由高至低依次划分为五大等级，其中包含了信用极好、信用优秀、信用良好、信用中等、信用较差等。

借鉴与不足方面，商业机构个人信用评估模型在以下方面值得借鉴：一是较多地采用了个人网络行为信息；二是数据是动态变化的，例如芝麻信用，每月初信用分值会被重新评估并发生变化；三是重视个人消费偏好、个人社交关系对个人信用的影响。

商业机构个人信用评估模型的不足主要表现在：一是数据资料主要来自商业机构本身，来源相对单一；二是模型的通用性较弱，例如，芝麻信用更多地基于电商数据，腾讯征信主要以社交数据为基础，模型难以应用到其他行业。

2. 美国 FICO 个人信用评估模型

美国的个人信用评估以市场机构为主导开展。FICO（美国个人消费信用评估公司，简称费埃哲）是美国著名的个人信用评估机构。在美国模式下，市场化信用评估机构完全采用第三方独立运作模式，以营利为目的，收集并且存储各种类型的信用信息，自主经营信用调查和管理业务，依据商品交换的规则为信用信息的使用者提供征信报告和相关咨询服务，全方位向社会提供有偿的商业征信服务，并从中获取经济利益。政府不直接参与或干预信用服务机构的日常经营活动，其旨在构建科学健全的信用法律体系，对信用服务领域进行科学有效的监督管理。

主要特点方面，FICO 信用分是由 FICO 开发的一种个人信用评估方法，已经得到社会的广泛接受。FICO 信用分模型利用多达 100 万条的大样本数据，根据借款人的信用历史预测其将来的还款能力，给贷款人提供了一个客观、一致的评估方法。FICO 信用分采用客观的评估方法，由计算机自动完成评估工作，有助于克服人为因素的干扰，防止片面性，按照相关监管法律法规，精确估计消费信贷的风险，给贷款人提供了一个可靠的技术手段，避免不良贷款，有效防止债务拖欠和清偿等问题。

指标体系方面，FICO 信用分模型中关注的主要因素有 5 类，即用户的信用偿还历史、信用账户数、使用信用的年限、正在使用的信用类型、新开立的信用账户。

信用评级方面，FICO 信用分模型得出的信用分数在 300 ～ 850 分。分数越高，说明用户的信用风险越小。如果借款人的信用评分低于 620 分，贷款方或者要求借款人增加担保，或者拒绝贷款。如果借款人的信用评分在 620 ～ 680 分，贷款方可能就要做进一步的调查核实，采用其他信用分析工具进行具体分析。

借鉴与不足方面，FICO 信用分模型在以下方面值得借鉴：一是数据库较为全面，一般存有最近 7 ～ 10 年的个人信用记录，包括银行信用、商业信用，甚至保险等；二是评价过程及结果比较客观，通过计算机自动完成评估工作，避免人为操作的失误；三是方便快捷，人们通过信用分，可以直接通过网络申请贷款，快速获得款项和审批，这显著提升了交易效率，有效减少了不必要的交易成本。

模型的不足主要表现在：一是各指标权重固定不变，由于每个人的消费习惯不同、贷款周期长短不同，很难保证反映最真实的信用情况；二是没有对未来一段时期可能存在的信用风险进行科学精准的预测，分数只能反映过去和当下，无法显示个人的信用潜力。

3.5.3 用于个人信用评估的社会信用分评估模型解决方案

基于现有的个人信用评估模型的优势，国信新网借助机器学习等科学前沿的技术，构建社会信用分评估模型，可随着业务需求的发展对增量维度进行快速迭代，实现实时、准实时或定时更新，并应用于社会治理的主要领域。

1. 设计原则

（1）科学性

社会信用分评估指标的设计和选取能够真实全面地反映被评估对象的基础经济能力、抗风险能力、信用行为记录等。

（2）社会公共性

社会信用分评估指标体系重点通过行为记录来评估个人在公共社会生活领域的诚实守信情况。

（3）引导性

社会信用分评估指标的设计和选取符合政府对市民个人行为最新的要求和引导方向。

（4）可追溯性

所有个人信用信息数据客观且具有可追溯性，能够明确最终数据的汇集部门，并方便信用修复和申诉。

（5）可扩展性

社会信用分评估指标体系结构具有可扩展性，能够针对专业领域叠加专业模型，对专业人群进行信用评估与监测。

2. 数据资料来源

个人信用信息数据主要来自地方政府信用信息共享平台。其中，公安、社保、民政、教育、财政、卫生健康、旅游等相关部门涉及的个人业务较多，在执法与服务过程中产生的个人信用数据相对丰富和重要。此外，还可以通过与市属银行进行合作，汇集个人金融信用数据，与信用大数据公司合作，对接个人网络信用数据等，作为必要的数据补充。

3. 评估指标

在参考国外的个人信用分评估指标体系与我国出台的相关政策的前提下，国信新网对城市个人社会信用分评估指标进行设计，以达到建设真实系统的目的。

（1）个人基础信用

个人基础信用指标不作为评估指标，只作为反映个人基本信用特征的记录，包括年龄、学历、居住、工作等个人基本信用信息。凡属市行政区域内的自然人，包括户籍人口、常住人口等，都拥有初始的信用值。

（2）个人行政信用

个人行政信用包括个人交通不良记录、个人公共事业不良记录、个人环保不良记录、个人文体不良记录、个人安全生产不良记录、个人社保不良记录及个人其他行政处罚记录等，具体内容如下。

个人交通不良记录包括一般交通违法信息（含行政执法违章停车信息），买卖驾驶证分数等。

个人公共事业不良记录包括物业管理费、话费、网费等欠费信息。

个人环保不良记录包括在建筑垃圾管理方面被列入失信行为，在“两违”（违法用地和违法建设行为）治理方面列入失信行为等。

个人文体不良记录包括公共体育设施管理单位违反开放管理规定，在旅游中具有不文明行为，并造成严重后果等。

个人安全生产不良记录包括未经许可经营危险品重大处罚信息，窃电或破坏公共用电设施信息等。

个人社保不良记录包括养老、救助等通过提供虚假材料骗取补助的行为，未履行生效社会抚养费征收决定的失信信息等。

个人其他行政处罚记录包括拒绝、逃避兵役等不良信息，家庭暴力、不抚养或不赡养、遗弃家庭成员的信息等。

（3）个人司法信用

个人司法信用包括个人法院不良记录和个人检察院不良记录。其中，个人法院不良记录包括未履行生效裁判的失信信息等，个人检察院不良记录包括犯罪情节轻微、检察院作出不起诉的决定等。

（4）个人金融信用

个人金融信用包括个人信贷不良记录、个人经济欺诈信息、个人信用消费不良信息3类信息，具体如下。

个人信贷不良记录包括银行贷款逾期信息、保险诈骗犯罪信息等。

个人经济欺诈信息包括住房公积金贷款逾期信息、税务机关稽查到的不良信息等。

个人信用消费不良信息包括在运用个人信用分参与政府公共服务、市场化应用场景时有违约行为等。

（5）个人职业信用

个人职业信用包括个人组织纪律处分、个人职业违法违规两类信息，具体如下。

个人组织纪律处分包括党纪、政纪处分信息等。

个人职业违法违规包括法律服务者违法行为、保险从业人员违反行为准则信息等。

（6）个人附加信用

个人附加信用包括个人荣誉表彰、个人年度信用、个人信用行为 3 类信息，具体如下。

个人荣誉表彰包括荣立一、二、三等功，获得专利奖等。

个人年度信用即连续 12 个月无不良信用记录。

个人信用行为即参与社会信用主管部门认定的公益、慈善、志愿活动。

4. 评估等级

结合我国其他个人信用评估模型遵循的分级标准，国信新网社会信用分评估模型将个人信用等级由高至低划分为 6 档，总分达到了 1000 分，分数越高，代表了信用越好。国信新网社会信用分评估模型等级划分见表 3-12。

表 3-12 国信新网社会信用分评估模型等级划分

等级	分值范围	描述
信用极好	得分为 850 ～ 1000 分	一般指有很多良好信息，无不良信息
信用优秀	得分为 650 ～ 749 分	一般指有较多良好信息
信用良好	得分为 550 ～ 649 分	一般指有少量良好信息
信用中等	得分为 450 ～ 549 分	一般指有少量一般失信信息
信用较差	得分为 350 ～ 449 分	一般指有较多一般失信信息
信用极差	得分为 0 ～ 349 分	一般指有大量失信信息，或有严重失信信息

3.5.4 社会信用分评估模型的应用

社会信用分评估模型的应用领域已经逐渐渗透生活的方方面面。

1. 应用领域

社会信用分评估在行政管理领域、公共服务领域、便民服务及旅游出行等领域开展。研究初期，能够于公共服务等方面进行全面推广与广泛应用，待市民对信用应用场景关注度较高且用户流量较大时，开始推广到便民服务应用场景。

（1）行政管理领域

行政审批业务涉及各个部门，其信用应用的难点不在于技术，而在于管理和业务。主要有 3 个方面：一是业务部门对信用应用认识不够、态度不积极；二是信用应用缺乏依据；三是需要对多年来形成的固定流程进行调整，阻力较大。

在行政管理领域，可以开展“信易批”“信易 + 监管”等应用示范，结合政府的公信力优势，探索把社会信用分作为简化办事流程的基本准则，先从行政服务大厅入手，对不涉及业务审批的流程进行改造，对信用相对良好的主体开辟绿色通道，采取告知承诺、缩短时限等一系列激励举措，推动并联审批，并在事前、事中、事后全过程实现信用业务协同。具体可开展的应用示范措施如下。

行政审批服务应用示范场景。其一，对于已经满足预先设定的信用等级标准的申请人，在其办理相关行政事项的过程中，可为其开辟绿色通道；其二，在办理相关业务的过程中，如果申请人已经提交国家规定的主要申请材料，在次要的申请材料却出现了缺漏，申请人已经签字确认的情况下，允许这些材料后补；其三，对于部分实行“告知承诺制”的公共服务事项，申请人能够在规定时间内进行书面申请；其四，提供无偿代办服务，这项服务由行政服务中心所提供。

不动产登记和交易应用示范场景。不动产登记和交易中心可结合个人信用等级，提供不同的信用激励措施：其一，对个人信用等级不低于“信用良好”的申请人，为其提供绿色通道服务；二是个人信用等级为“信用中等”及以上的申请人，可申请加急服务，总办理时限可为承诺时限的一半；三是个人信用等级为“信用中等”及以上的申请人，在办理登记业务时可申请容缺受理；四是个人信用等级为“信用中等”以上的申请人，无法亲自缴费的，可委托交易中心代领缴款单。

在积极推动行政管理信用的应用上，一是要形成共识，由高位推动，在信用工作领导小组成员间形成共识，并由社会信用主管部门、行政服务中心牵头推动。二是要制度先行，制定出台通用和业务领域信用应用制度，形成工作依据。三是要对原有审批流程进行改造，建议先实行绿色通道和无偿代办等，再对业务部门进行流程改造，根据业务的属性，对适合应用信用的业务进行流程改造，采用告知承诺等相关举措。如果在行政审批领域开展信用应用的阻力仍然较大，那么也可考虑优先在市本级能够决策的公共服务事项中推进信用应用。四是数据对接，获取信用主体的信用状况。

（2）公共服务领域

国信新网结合各城市推广“信易 +”系列场景经验，结合各区域发展基础，在易于推广、资金压力较小、见效快的公共服务领域设计“信易 +”应用示范，将在交通出行、信贷、旅游、图书借阅、教育等公共服务领域拓展信用场景应用，更好地激励诚信主体，让这些主体在真正意义上享受信用红利。

公共服务领域信用应用推广初期可先行在公共交通、教育等与市民生活息息相关的领域进行信用应用场景试点，积累相关经验，并借助公共服务资源，强化社会信用分对公共服务领域应用的作用：一是可以引导市民对社会信用分应用的关注；二是可以增加市民对社会信用分的应用、数据反馈和补充，不断增加用户黏性。

具体可以开展应用示范场景包括“信易 + 出行”“信易 + 旅游”“信易 + 医疗”“信易 + 教育”“信易 + 阅读”等，具体措施如下。

①“信易 + 出行”应用示范场景。帮助信用良好的个人享受更便捷、更优惠的出行服务，在切实保障个人信息安全的情况下，将能够进行共享的信用信息传递至交通出行企业，这样可以为用户提供一系列出行服务，并使用户享受价格折扣、免押金支付等多项优质的服务。例如，信用优质的市民使用公共自行车时享受 IC 卡支付免押金、降低可骑行余额标准、退卡容缺办理等优惠；当市民乘坐公交或地铁的过程中，也能够享受比较好的优惠；市民乘坐出租车（包含网约车）时，可以享受优先叫车、车费打折等服务。

②“信易 + 旅游”应用示范场景。帮助信用良好的个人享受更便捷、更优惠的出行服务，在切实保障个人信息安全的情况下，将能够进行共享的信用信息，传递至景区经营单位等，为个人提供、餐饮、导游、娱乐等方面的旅游服务，让信用良好的游客，享受更迅速的检票通道，以及免查房等各项住宿服务。同时旅游环境也会井然有序，全面提高旅游业的发展质量。

③“信易 + 医疗”应用示范场景。为诚信主体开通绿色通道，优先提供诊疗服务等，社会信用分等级达到“极好”及“优秀”的市民，在定点医疗机构就诊时可享受“先享后付”和“优先挂号”的看病就医服务。一是先享后付，个人信用等级满足预先

设定标准的市民，就诊或住院时不需要预先缴纳费用，只需要拿着被标识过信用等级的医保卡（就诊卡）在院内系统进行识别，签署《诊疗费用结算协议书》，就诊结束或出院后结算时只需要支付医保规定报销后个人承担的费用，剩余部分由医疗保险机构划转到医疗机构账户。二是优先挂号，个人信用等级满足预先设定标准的市民，在定点医疗机构就诊时享受优先挂号服务，在定点医院体检中心享受优先预约、优先安排、优先出体检报告等优惠政策。

④“信易 + 教育”应用示范场景。推动社会信用分在教育缴费场景的应用，个人信用等级为“极好”及“良好”的申请人，其子女可享受“先入学后缴费”的优惠政策，构建学校和家庭和谐的社会关系。可开展以下激励措施：个人信用等级为“良好”的申请人，延缓缴费的期限为入学后一个月；个人信用等级为“优秀”的申请人，延缓缴费的期限为入学后一个半月；个人信用等级为“极好”的申请人，延缓缴费的期限为入学后两个月。

⑤“信易 + 阅读”场景。以市属图书馆为突破，信用良好的主体，在借阅图书时可以享受一定的优惠，例如，享受免押金借阅、延长借书时限、阅读座位预约及资料复制刻录免费、讲座信息及时达等各种类型的便民服务，这样便将信用紧密衔接于图书馆所提供的服务，让图书馆和读者彼此间存在的关系更为紧密，让知识获取真正实现“零等待”。如果有 24 小时图书馆，则可直接接入社会信用分评估系统；如果是实体图书馆，则市民可直接出示社会信用分。

（3）便民服务领域

根据区域社会信用体系建设现状和需求，结合市民对信用应用场景的认可度和信用应用发展的成熟度，信用可以更好地应用于便民服务场景，包括“信用 + 购物”“信用 + 健身”等。

①“信易 + 购物”应用示范场景。一是以商务中心区、特色商业区（街）为重点，在大型超商、餐饮、娱乐等销售服务领域，推行诚信主体享受购物优惠折扣、结算绿色通道、免费停车等服务，为市民带来完美的购物体验，营造良好氛围。二是依托城市信用 App，接入全国性大型平台商户，同时挖掘并接入覆盖餐饮、文化、便利店等多样化生活服务门类的本地商家，为本地诚信市民提供信用折扣、专享价格、商品兑换、商品免运费、先选货后付费等优惠，市民凭社会信用分可获得不同等级的便捷、新颖、优惠的购物体验，全面提高市民诚信意识，引导市民守约。

②“信易＋健身”应用示范场景。与区域内健身机构合作，对已经满足预先设定的信用等级的个人，可在合作健身场馆享受月付卡费、先享后付、信用免押等多种便利。

2. 应用趋势

当前，我国各地区开展公共信用评估，信用分大数据应用面临一些新趋势。

（1）在政策要求方面

国家重视开展公共信用评估，但对个人信用评估仍持谨慎态度。在《国务院办公厅关于进一步完善失信约束制度构建诚信建设长效机制的指导意见》发布后，公共信用评估将会逐渐走向依法依规，在数据、指标、规范方面实现统一建设。此外，《中华人民共和国个人信息保护法》等多部法律法规均对个人信用信息权益保障问题具有明确要求，例如“禁止采集个人宗教信仰、指纹、疾病等相关信息和我国现有法律禁止采集的其余信息”等。

（2）在体系建设方面

在数据归集方面，在保持社会信用分作为主体不变的情况下，国家越来越重视对水电煤气缴费、金融、履约等信息的归集，信用数据资料来源日益多元化。各地的信用评估指标设计个性化增强，充分体现地方特色，并且指标设计出现了升级和迭代优化，这体现了评估体系科学性、可扩展性的原则。

（3）在信用应用方面

相较于2017—2020年全国各地进入公共信用评估建设爆发期而言，目前市场整体进入调整期，更加重视个人信用评估和应用的稳妥推进。工作的主基调是加强信用大数据体系建设，依托公共信用评估结果，从各个细分行业、领域完善评估指标，加强新型社会治理，提供信用联合激励和便民应用。《国务院办公厅关于进一步完善失信约束制度构建诚信建设长效机制的指导意见》明确要求：公共信用信息是否可共享及在何种范围内共享，需要遵循我国出台的相关法律法规，并秉承基本的准则，在编制公共信用信息目录期间，要切实保障各市场主体自身的根本权益，同时，知晓信息查询过程中的使用权限，构建科学全面的信息审查制度，以有效规避信息泄露情况的发生，对于工作失误而导致信息外泄的情况，要依法依规严格追究相关单位和人员责任。按照国家相关文件和会议精神，各地开展公共信用评估的应用以激励为主，公共信用评估不再作为惩戒的依据，并重视与国家大政方针、“十四五”规划、优化营商环境、“放管服”、年度重点工作等结合起来创新信用应用场景。

3.5.5 总结和展望

基于社会信用分体系创新社会治理方式，即归集各种类型的信用信息，并促进信息共享与应用，让社会治理过程中的服务举措和行之有效的监管方式全链条、多方位覆盖，并且连接社会主体所涉及的全生命周期。因此，地方政府需要坚定不移地建设法治化、规范化的信用分评估体系，实现我国治理能力现代化。从大数据分析到区块链应用，从重点行业到全部社会治理范畴，从示范城市到全国大多数地区，信用分大数据应用与新型社会治理正在逐渐普及，在经济比较发达的地区，可以推行跨区域信用分互认。

切实推动社会信用体系建设服务社会治理，地方政府需要从以下两个方向入手。一是归纳现有基础资源，辅以科学有效的信用方式，关注各方主体权益，切实保障相关主体的根本利益，对信用信息进行科学有效的精准控制，规避信用方式滥用行为，引导信用主体遵纪守法。二是充分考量社会所提出的诸多需求，坚定不移地遵守经济发展规律，丰富惠民便企的举措，改进对社会信用主体所提供的服务，对其进行科学有效的统筹管理。在制度制定方面，应当继续提升失信成本，同时，为守信者提供诸多便利之处，营造正面的社会风气，营造诚信和谐、正能量的社会环境。

3.6 清檬养老：创新“信易 + 养老”新模式

随着社会发展，我国人口老龄化趋势日益明显，养老问题不仅影响老年人的家庭稳定和谐，更成为影响社会发展的重要民生事项，对未来一段时期的社会发展有着极其深远的影响。我国十分关注人口老龄化问题，国务院办公厅印发《关于推进养老服务发展的意见》《关于建立健全养老服务综合监管制度促进养老服务高质量发展的意见》等一系列政策文件，同时，数次举行专题会议部署，提出了全面建立“社区居家机构相协调，医养康养相结合”养老服务体系的指导方针，推动了养老服务事业和产业共同发展。

3.6.1 养老服务机构类型

在政策的推动下，市面上存在相对较多的养老服务机构。而这些机构按服务主体类型大致分为企业、非营利机构、社会团体等，按服务内容及场景划分为养老院、养老公寓、社区养老服务机构、医养结合机构、养老照料中心、居家养老服务机构、社区养老服务驿站 / 医疗服务站、社区卫生服务中心 / 站、公益组织、生活服务类机构等。参与形式及服务内容伴随我国老龄化发展逐步增多，部分服务主体与服务形式处于监管部门“盲区”，易出现社会负面事件。

综合服务场地及服务内容，我国养老服务机构可以分为5种，即场地型服务主体、社区服务型主体、居家型服务主体、线上型服务主体及其他类型。

1. 场地型服务主体

养老院、养老公寓、社区养老服务机构、医养结合机构、养老照料中心等场地型服务主体依托场地为老年人提供托管医养照护服务，部分机构依托场地面向周边社区提供辐射服务。部分基础设施、人员配备齐全的机构服务质量较高，少部分机构因受限于自身基础，多数机构仅能提供简单食宿服务及卫生清洁服务。

2. 社区服务型主体

社区养老服务驿站 / 医疗服务站、社区卫生服务中心 / 站等机构依托社区微型服务场所，提供短期托养服务，向周边社区家庭提供有频次的服务内容，同时依托场所向周边老年家庭提供上门服务。

3. 居家型服务主体

居家养老服务机构、家政公司等作为目前居家养老服务形态的主要机构，在服务过程、人员管理、服务质量、服务专业性等方面水平差距较大。

4. 线上型服务主体

依托互联网的快速发展，线上服务机构日益增多，远程照护、远程医疗、远程指导、在线购物、在线订餐、设备租赁等服务平台、服务商城等多种形式线上服务机构已获得一定比例的市场，但服务质量、服务品质、售后保障等方面需要监管部门加大监管力度。

5. 其他类型

综合以上主体类型及不同服务模式的行业企业、民非机构、社会组织，整体行业在“智慧”层面具备较大的上升空间。养老服务作为一种“产品”，其质量缺乏有效的监管。传统的企业基础信息、经营风险、经营状况、处罚记录、经营人员的个人信用情况等已经很难完整体现养老行业企业的信用水平。将智慧养老服务过程通过数据展现，再结合传统信用评估维度，可综合展示其信用水平。

3.6.2 评估场景研究

清檬养老选择以下 4 个典型场景对养老服务机构信用评估进行分析。

1. 长期护理保险定点服务机构信用评估

对长期护理保险定点服务机构的服务过程进行全链条监督管理，涵盖定点机构对老年人失能等级评级、信用评估、评估报告、服务方案、服务执行、服务评价等相关数据进行信用管理，作为该机构核心信用模型评分项。

同时基于大数据开展智慧养老服务监管应用，对机构服务内容、日常护理过程数据等进行实时监管，对参保人服务合同签约信息、参保人评估结果、服务方案制定、定点服务机构服务人员对服务任务完成度反馈等业务流程进行全过程监管，同时帮助定点服务机构提升服务能力、服务质量。

监管部门通过对业务流程的全过程监管、对定点服务机构日常服务进行跟踪监管，为待遇结算提供基础依据。

2. 国家基本公共卫生服务机构信用评估

作为惠民服务项目，2021 年国家基本公共卫生 14 项服务项目预算费用已达 542 亿元，用于面向老年人、儿童等重点人群提供基本公共卫生服务。在国家标准基础上，多数地区进一步规划了配套资金。政府通过服务过程的大数据管理，基于社区卫生服务中心 / 站面向老年人提供各项服务数据开展信用评估，依据信用情况设定年度审查考核等制度，复核结算扶持资金。

3. 养老机构监管信用评估

民政部门作为养老服务主管部门，每年向养老机构提供床位运营扶持资金，以北京市为例，2021 年北京市累计向养老机构提供运营扶持资金超过 1 亿元。根据养老机构服务的真实性、服务内容的完整性，北京市通过大数据综合管理，引入信用管理办法，为机构进行信用评分，通过信用等级评分情况制定扶持资金发放规则。

4. 志愿服务组织信用评估

近年来，多数公益组织、社会组织加大了养老公益服务规模，在人口老龄化的背景下，部分组织通过“时间银行”等规则吸引志愿者加入，志愿者的志愿服务时长可兑换享受相关服务，使用大数据开展志愿服务信用管理，可以对不同协会下的志愿组织、公益组织开展服务的真实性、完整性进行过程管理。

3.6.3 应用场景

清檬养老已有的养老服务机构信用评估应用场景主要分布在北京市、河北省廊坊市。

1. 北京市养老机构数字化监管信用服务

清檬养老面向北京市养老机构开展数字化监管服务，老年人失能等级评估结果真实性和服务真实性、完整性可以通过信用服务方式被汇总评估，支持北京市民政局床位运营扶持资金等结算发放。信用评估结果逐步面向公众、行业从业人员公示。

2. 廊坊市医养结合信用服务

清檬养老面向廊坊市各医院团队开展信用评估服务，综合展示各医院团队服务的真实性、完整性，相关结果用来支撑廊坊市卫生健康委员会基本公共卫生费用结算。

3. 中华志愿者协会志愿服务信用管理

清檬养老面向中华志愿者协会公益社会组织会员单位开展信用评估服务，对其服务真实性、完整性通过信用方式综合展示，为协会的分级管理、准入和退出提供依据。

第 4 章

大数据征信省市应用案例

4.1 大数据金融风险监测预警应用案例

面对新型金融业态风险事件频发的现象，数联铭品科技有限公司（以下简称BBD）以信息融合为手段，创新监管思路，开发了新金融大数据监测预警平台——“红警”。

4.1.1 项目背景

在国家相关金融政策及科技发展的推动下，新型金融行业发展迅猛。新型金融行业的发展给当下的金融市场带来了充足的活力，但由于我国金融市场起步晚，缺乏成熟的监管办法，给各地区、各行业经济发展带来了一些不稳定因素，不利于社会的长期稳定。自监管政策出台后，各地先后搭建监管平台，案件高发势头有所减退，非法集资案件数量和涉案金额出现“双降”。创新监管手段和治理办法进一步打击非法集资犯罪，为经济稳定发展和社会稳定保驾护航。

4.1.2 解决方案

新金融大数据监测预警平台通过整合新金融主体的全量信息，建立起分行业、分风险类型的监测预警模型和监控体系，分地区、分等级进行风险管理，实现风险监管的多维聚焦，提高风险监测预警的准确性。

在功能特征上，实现金融风险“感知识别、监测预警、分析研判、合理处置”的全流程监管，构建完整的金融风险监管及防范体系；对监管对象、监管规则、模型指标、监测时间等维度动态调整管理，实现风险管理的信息实时动态提醒以及风险管理的“动态”属性；通过利用多源异构大数据集成能力、知识图谱构建能力、大数据建模能力，实现全局监测预警、违规监测预警、特征事件预警、智能分析研判、动态监控跟踪和金融实体库管理等。

平台通过企业全息信息展示、风险监测预警、风险监控跟踪、智能分析研判、监管数据库管理五大主体功能，实现风险全流程动态监管。新金融大数据监测预警平台的功能架构如图4-1所示。

企业全息信息展示应支持企业、平台、法人、董事、监事和高级管理人员等多维度搜索查询和按需筛选，实现对行业特征信息、企业工商、经营、信用、关联方信息

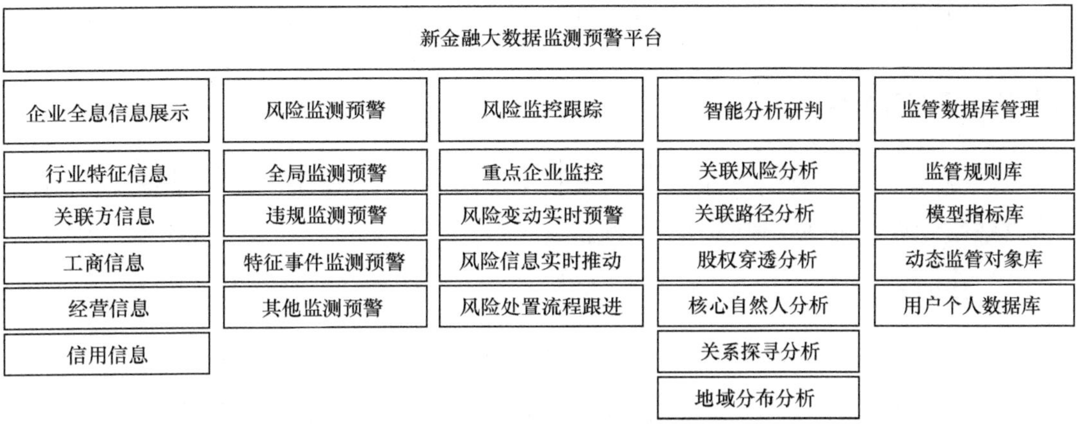

图 4-1 新金融大数据监测预警平台的功能架构

等全息信息掌握。其中，以知识图谱技术深度揭示企业的一度、二度、三度关联关系，包括显性关联关系和隐性关联关系。

风险监测预警提供分地区、分行业、分类型、分企业的综合风险监测预警，包括全国、省、市、区 4 级地图联动展示，细分行业风险模型构建和预警展示，通过违规预警、舆情预警、特征事件预警等分类监测预警，提供高危预警、重点关注、持续关注、黑名单企业行业分布、风险指数、风险详情等功能，并对新进入榜单的企业进行重点标识提示；实时统计和分析新金融风险指数、新金融发展趋势、新金融企业地域分布、预警 / 处置企业数量变动情况等。

风险监控跟踪提供监控对象添加、监控对象维护、风险实时变动预警、风险信息自动推送、风险处置流程跟进等功能，实现对重点监控风险企业的添加和定义管理，对其负面舆情、经营行为、董事、监事和高级管理人员动态等风险变动信息进行实时监控和推送，及时掌握情况。

智能分析研判描绘的是企业的一度、二度、三度关联方图谱，直观展示企业间的关联关系，并通过关联风险、关联路径、股权穿透、核心自然人、关系探寻、地域分布等关联方深度挖掘分析，了解目标企业及关联方所属行业、企业董事、监事和高级管理人员、风险、失信、被执行、诉讼、行政处罚、经营异常、工商变更、对外投资、招聘等情况，深入挖掘风险点；根据模型计算新金融企业风险指数，细致划分风险等级，同时进行风险评测，精确定位具体风险点，有针对性地对企业进行调查研判。

监管数据库管理包含监管规则库、模型指标库、动态监管对象库、用户个人数据库等平台基础数据库。监管数据库能够满足对金融场景的综合监测、分行业监测、高风险企业榜单、高危企业识别、关联方深度挖掘等需求，推动地方金融监管从静态到动态、从局部到全面、从被动到主动、从人工到智能的全方位转变。

4.1.3 关键技术

新金融大数据监测预警平台的搭建架构逻辑层次为“数据采集—数据处理与存储—模型搭建与计算—可视化风险展示与预警”。

1. 数据支撑

在数据采集上，平台数据资料来源主要分为两大部分：一是对互联网数据的采集，从各个信息源，根据制定的采集策略采集相应数据，往往依托于数据采集子系统实现；二是对政府数据的采集，包括数据源的指定，采集策略、采集周期、采集方式的制定，以及数据采集情况监控等，主要通过战略合作等方式通过第三方接口等形式实现。

目前，BBD 通过广泛采集与整合多源异构的公开数据资源建成自有数据库。数据库整合的公开数据源已超 2000 个，包括全国企业信用信息公示系统、行业 / 地区处罚信息、中国裁判文书网、地方中高级人民法院涉诉信息、政府采购网、主流新闻媒体、自媒体等，同时拥有全国 3000 万家企业的全息信息，包括企业工商信息、关联方信息、司法诉讼信息、财务信息（上市公司）、招聘信息、舆情信息等信息数据。

2. 模型构建

平台利用行业领先的算法和模型理论获取数据后，采取多重插补、因子分析、模型筛选等方法对数据进行清洗，结合新兴金融行业业务风险框架与数据特征，进行特征工程建立风险特征组合。

在模型构建上，包含行业特征的风险测算模型应聚焦“7+4”类金融细分场景，包括线下理财、小额贷款、私募股权、融资担保、融资租赁、众筹、交易场所、典当、商业保理、单用途预付卡备案企业等多个细分行业。针对新兴金融的各个不同行业的业务风险特征，建立行业特征指标，结合企业通用指标，分别建成网络借贷风险分析模型、私募基金风险分析模型、交易场所风险分析模型等各类新兴金融业态业务风险分析模型。具体来看，在企业综合指标的选取上，综合考察企业综合实力风险、经营风险、诚信风险、静态关联方风险、动态关联方风险 5 个维度，在行业特征指标的选取上，采取结合行业违规风险、行业经营风险、行业特征风险事件 3 个细分维度的办法。

在建模技术方面，运用分类、聚类、逻辑回归等传统统计分析方法，以及决策树、支持向量机、深度神经网络等机器学习建模方法等。

在算法方面，采用遗传算法、牛顿迭代、蒙特卡洛等数10种传统算法与机器学习算法进行最优计算。在接入海量数据并通过不同算法进行反复迭代和模式匹配后，对网络借贷、私募基金、交易场所、小额贷款、融资担保及其他新兴金融行业建立起全行业非法集资风险分析与监测模型，对不同行业企业存在的非法集资风险进行实时有效的监测。

在模型优化与可视化展示上，基于Bootstrap与均匀设计方法的数百次参数寻优对模型进行优化，以及在BBD独有的深度关联图谱的理论支撑下，平台对不同行业的所属企业进行全息风险展示：一是通过在特定时间点解析目标企业股权结构合理性、核心控制人专注度、关联方关系地区分布、关联网络结构特征等方面，精准识别企业出现的反经济行为，发现其对应的静态关联方风险；二是结合各时间节点对应的图谱发展速度、关联方增长结构等，洞悉企业行为变化趋势，知晓潜在动态关联方风险；三是通过企业股东类型、资本实力、人员结构与规模、知识产权拥有量、运营稳定性、公司所在地域经济运行整体情况等方面，对企业基本面进行风险画像，展示其综合实力风险；四是通过公司运营情况的指标，主要包括工商变更频率、招中标数量、资产抵质押程度、域名备案情况等对企业经营进行风险度量展示其经营行为风险；五是通过目标公司及其核心关联公司所涉及的司法诉讼、行政处罚、失信被执行、被举报次数、负面舆情分析、信息披露程度等方面，全面衡量企业整体信誉状况，精准评估企业诚信风险。

4.1.4 实施效果

自2015年起，“红警”平台已成功服务于北京、上海、四川、贵州、江苏、河南、云南等20余个省（自治区、直辖市），基于“红警”平台建设的部分具有地方特色的大数据金融风险监测预警平台代表案例如下。

案例：北京市大数据金融风险预警系统

北京市金融风险预警系统主要是通过技术指标和监测模型对“线上”和“线下”非法金融行为进行监控，运用大数据、云计算等技术，深度挖掘非法集资疑似企业的关联要素数据、投资区域、投资领域、资金去向，构建非法集资风险识别模型，生成能够反映企业非法集资风险疑似度和活跃度的风险分数，并全面提升风险的识别精准性，再将其量化。

北京市金融局通过该系统对当地的 16 万家企业进行逐一排查，最终筛选出 500 家高风险企业予以重点监测。对于排查出的部分高风险企业，系统提供了企业风险调查报告，深入分析解读企业风险，做到提前预警和防控；提供定期行业分析报告和打击非法集资工作总结，委任专家驻点北京金融局，针对风险企业排查过程中的疑难杂症进行权威解析和答疑，与时俱进，追踪归纳非法集资的手段和趋势，不断升级优化系统，提高监管系统的有效性。

该系统的建设与应用极大地提高了工作人员的工作效率，简化了政策监管流程，提高了对非法集资企业打击的精准度，为首都地区的类金融行业的健康发展提供强有力的监管保障。

4.2 福州市：筑造城市信用治理与诚信文明建设新模式

2018 年，福州市推行了“茉莉分”，福州市是国内第三个进行个人信用评估的城市。

4.2.1 应用基础

福州市是全国较早启动信用建设的省会城市之一，自 2016 年 4 月成为第二批全国创建信用体系建设示范城市以来，福州市逐步推进社会信用体系的构建，在平台建设、数据归集、信用评估、跨部门成效共享等方面取得了明显的成效。

1. 基础信息平台建设稳步推进，信用数据归集日渐丰富

福州市将公共信用信息平台建设工作纳入智慧城市建设范畴。通过“信用福州”一期工程、二期工程建设，福州市公共信用信息平台已和国家平台进行互联，可直接共享数据，率先在公务员诚信、工商管理、工程建设、交通运输等重点领域实现了信用信息资源建设、管理和应用一体化，初步构建市级、县级的公共信用信息共享平台，汇总各种信用信息，形成完整的共享数据生态链。

福州市自然人信用信息征集和查询工作基础扎实，制定平台建设、数据归集方面的标准规范，完善重点领域分级分类监管和联合奖惩措施方案。在行政管理过程中，将多样化公共信用信息当作关键的参考依据之一，有效地推进信用信息数据的应用，并让其标准化。福州市信用数据归集日渐丰富，为开展个人信用积分应用夯实了数据基础。

2. 信用主体评价日趋完善，部门共享协同不断提高

福州市在实际设计过程中，遵循科学性、可追溯性的基本准则，构建了科学完善的个人信用评估模型，在此模型中，涉及个人信用能力、个人职业信用、个人行政信用等方面所关联的一级、二级及三级指标，从而达到真实、客观、全面地评价个人信用实际情况的目的。

福州市将信用建设与各行业、各部门的具体业务结合起来，统筹考虑，共建共享，协同推进。各部门充分应用企业信用综合评价系统和福州市公共信用信息平台，健全从业工作者的信用档案，并在政府采购、公共基础设施建设项目招标等方面通过查询和使用信用记录，对参与对象进行守信联合激励、失信约束。

4.2.2 “茉莉分”体系介绍

“茉莉分”的名字源自福州市的市花茉莉花，是福州市民的个人信用分名称。

1. 评分模式

福州市“茉莉分”体系采用了“基础信用 + 附加信用 + 年度信用”的评分模式。顾名思义，“茉莉分”即为这 3 项信用分的累计值。第一，基础信用分代表和个人相关的初始信用分，总分为 500 分；第二，附加信用分，主要结合个人信用信息来评分，总分为 500 分；第三，年度信用分，主要结合个人年度信用状况而评分。

2. 评价等级

参考全球先进城市的做法，福州市将“茉莉分”总分设定为 1000 分，与此同时，将信用评级由高至低分为 6 档，当信用等级相对较高时，其代表的信用良好。福州市个人信用分（“茉莉分”）评分标准见表 4-1。

表 4-1 福州市个人信用分（“茉莉分”）评分标准

序号	个人信用评级	个人信用分	说明
1	信用极好	850 ～ 1000 分	一般是指有很多良好信息且无不良信息
2	信用优秀	750 ～ 849 分	一般是指有较多良好信息
3	信用良好	650 ～ 749 分	一般是指有少量良好信息
4	信用一般	550 ～ 649 分	一般是指有少量一般失信信息
5	信用较差	350 ～ 549 分	一般是指有较多一般失信信息
6	信用极差	0 ～ 349 分	一般是指有大量失信信息，或有严重失信信息

3. 适用范围

福州市个人信用评估主要面向行政区域，针对已经成年且有民事行为能力的常住人口。

4. 重点应用领域

福州市的“茉莉分”现已用于公共交通、不动产服务、图书借阅、教育缴费及就业培训等场景中，获得了相对广泛的实际应用。借助于优先办理、免交押金等一系列激励方式，让信用良好的市民享受更为便捷，也更为优惠的各项服务。

4.2.3 应用经验

“茉莉分”是在福州市行政区内打造市民信用评估的一次尝试，通过柔性引导，尽力挖掘市民身上的闪光点，对于弘扬社会正能量、提升社会文明具有独特意义。

1. 创新引领，打造诚信文明建设新模式

“茉莉分”是信用发现的有效路径，让民众随时体验信用的价值所在，从而释放更多的精神和非物质层面的认可和需求，营造“全民讲信用”的氛围。

（1）先行构建城市信用行为新体系

福州市建立“茉莉分”正向激励模式，将传统抽象的诚信道德进行量化，对市民信用情况进行信用评估。“茉莉分”将市民行为与信用分挂钩，进而引导市民在日常生活各方面注重诚信行为。“茉莉分”评分依据包括政府行政执法、公共事业、司法、就业等各领域的信用行为记录，其中任何一方的失信行为都会影响“茉莉分”的总分。

（2）全国首发市民信用生活指南

福州市建立了“茉莉分”数据共享与应用协调长效机制，协调市级政府部门，以及医院、学校、图书馆等公共服务机构，共同制定“茉莉分”激励措施，同时，出台《市民信用生活指南》，实施 8 类 31 项激励措施，结合“茉莉分”分值，给予民众所需的各项服务，从而引导市民守约践诺、诚信自律，让信用相对良好的民众，享受更为优质的信用服务。例如，相关行政审批事项在实际办理过程中，为信用状况良好的市民提供容缺受理、“告知承诺制”、无偿代办、绿色通道等便利服务。其中，容缺受理与“告知承诺制”服务已覆盖 200 项事项，无偿代办、绿色通道已实现行政服务中心服务事项全覆盖。截至 2021 年 5 月，通过“茉莉分”享受绿色通道服务的人数累计达 12817 人次。

（3）依法依规构筑信用信息安全屏障

为防止个人信息泄露，最大限度地保障信息主体隐私性和合法权益，福州市构建全方位安全管理体系：一是建立三级授权机制，通过建立政府、服务商、用户三级授权机制，保障“茉莉分”有关数据未经授权无法被调用；二是采用数据隔离机制，在“茉莉分”应用时，按照“最小化输出、无必要不输出”原则提供数据，做到个人信用数据不出域；三是采用区块链技术，进行数据跟踪和安全交换，对数据使用的全过程进行记录，确保数据不易被篡改、操作可追溯。

2．数据赋能，构建城市信用治理新支撑

福州市深挖公共信用信息数据价值，科学搭建“茉莉分”评价体系，夯实城市信用治理与诚信文明建设数据基础。

（1）维度全面覆盖，信用大数据全面支撑“茉莉分”

针对海量公共信用数据标准不统一、质量参差不齐、难以支撑应用的问题，福州市以“茉莉分”建设与应用为导向，创新“数据—信息—知识—价值发掘”的信用大数据资产治理新路径。**一是加强海量数据归集。**在完全遵循我国发布的一系列法律的基础上，归集全市50多个部门、360多家区县单位个人信用相关数据，形成基础数据资源池。**二是推进信用大数据治理。**建立关联性、有效性等治理规则，构建社会信用分标签体系，将原本杂乱的数据直接转变为井然有序的可读信息。**三是进行信息价值提取。**通过动态知识挖掘提取业务知识，建立高质量、全维度的个人信用数据知识体系，形成信用大数据资产。**四是挖掘数据资产价值。**通过“茉莉分”模型设计与场景应用，实现公共信用数据生态价值创造。目前，“茉莉分”关联的数据已积累649万条。

（2）智能训练调优，新技术推动“茉莉分”迭代升级

针对个人信用数据量大、类别庞杂、模型构建复杂程度高的问题，参考全球现有个人信用评价模型，2018年福州市编制了3.65万条自然人信用目录，归集了16.13亿条自然人数据，完成设计1.0版“茉莉分”信用评价模型，涉及个人能力、公共信用、行政信用等六大方面，一共涉及180多个细分指标。此后，随着信用平台数据归集维度与数量的增加，不断迭代升级“茉莉分”模型，进一步精准构建市民信用画像，并应用机器学习、智能建模等技术，开展自动化、智能化的模型自学习，快速适应被评价主体的行为变化，有效提升评价结果的准确性，并提高市民信用建设的参与度。目前，“茉莉分”模型已升级到3.0版，增加了水电煤气数据，参加疫情防控、公益、志愿活

动等行为数据，以及应用场景履约情况回流数据等 20 多个细分指标。

（3）计算架构科学，敏捷化服务能力不断提升

建立基于大数据、隐私计算、可信执行环境的“敏捷化”信用应用支撑体系——分布式大数据计算平台。该平台解决“茉莉分”更新频率低、服务器响应慢、数据出错等问题。具体来看，分布式大数据计算平台可以根据应用服务对计算能力的需求动态扩展分布式终端节点，提供快速、可靠的计算资源，从而高效地支撑模型数据运算与应用服务。可在 15 分钟内输出 649 万人的“茉莉分”，相较传统模式，其全量更新的效率提升近 50 倍，该平台现已有效支持“茉莉分”数据查询与应用调用 8.4 亿次。

3. 应用创新，实现信用便民新体验

结合“茉莉分”的使用情况，福州市将其社会化应用，与此同时，给市民提供较多的便利服务，并且给出令市民心动的消费折扣，福州市营造出“全民诚信”的氛围。

（1）覆盖市民生活，增强信用惠民获得感

为褒扬诚信行为、倡导诚信文化、拓展守信激励范围，福州市选择看病就医、交通出行、教育缴费、消费、文化旅游等 26 个与市民生活密切相关、社会关注度高的领域，实施便利、优惠的“信易 +”系列正向激励措施，将信用深度融入百姓生活的各个领域，改进公共服务资源配置，营造极佳的社会氛围。例如，交通出行领域的“信易行”对于信用等级达到 686 分的市民，可享受乘坐地铁 8 折优惠、乘坐公交 6 折优惠；教育缴费领域的“信易学”对于信用等级优秀的市民可延缓一个半月缴费。

（2）带动社会力量参与，建立“茉莉分”共建共享运行模式

福州市正在充分调动社会力量携手参与，一起推广“茉莉分”在多个方面的应用，形成共建共享发展新格局。

目前，福州市已有 5 家银行、37 个旅游景点、280 条公交线路、1 条地铁线路、45 所学校、3 家医院、10 余家超市与影院参与“茉莉分”共建共享，为守信市民提供激励服务。疫情防控期间，为了帮助广大企业实现复工复产，多家银行参与了“战疫征信贷”，基于“茉莉分”结果调用，累计发放“战疫征信贷”5641 笔，总金额达 34.01 亿元；“信易 + 全国首个电子保函”实现开立保函超 22 万张，“茉莉分”信用优惠累计 2296 单，为企业减少资金占用超过 576 亿元。

（3）聚焦正向激励，形成诚信向善的文明风尚

福州市十分关注新时代背景下的诚信文明建设，以“茉莉分”为文明实践载体，

采用正向激励的有效举措，积极弘扬诚实守信的道德准则，并培育崇德向善风尚，助推市民养成诚信文明习惯。“茉莉分”的推广营造了守信氛围，弘扬社会正能量、提升社会文明程度的效果已逐步显现。这对福州市成功创建全国第二批社会信用体系建设示范城市、全国文明城市 2019 年度测评（受到中央文明办表扬）、获评全国文明城市称号（连续 4 届）、全国城市综合信用指数排名等工作，提供了有力支撑。

4.3 开封市：以联合激励深化个人信用积分应用

开封市正在积极营造文明开封、诚信开封的氛围，基于大力推广个人信用体系的方式，全面提高个人信用意识与综合素质，塑造积极活跃的信用环境。

4.3.1 应用背景

为认真落实《国务院办公厅关于加强个人诚信体系建设的指导意见》《河南省人民政府办公厅关于加强个人诚信体系建设的实施意见》等相关文件，开封市正致力于构建自己的社会诚信体系，并且基于当地信息平台，专门研发了科学有效的个人诚信系统，建立个人信用积分评价体系、归集相关数据、建立全市自然人诚信档案。

4.3.2 个人信用积分体系介绍

2019 年，开封市发布了《开封市个人信用积分建设工作方案》，在此方案中，提及该体系所对应的评分模式与应用领域等相关内容。开封市所推广的个人信用积分，可对自然人所关联的信用信息进行更为深入的量化分析，以此来彰显个人实际的信用情况。评价主体是指在开封市城区的常住人口中已经成年且具有民事行为能力的自然人。

1. 评分模式

个人信用积分采用千分制，满分为 1000 分，默认自然人基础得分为 650 分。自然人基本信息不得分，自然人良好信息作为加分项在 650 分基础上进行加分，自然人不良信息会从 650 分开始扣分。

2. 评价等级

借鉴国内外先进城市的做法，开封市还划分了四大级别与六大等次。开封市个人信用积分等级见表 4-2。

表 4-2 开封市个人信用积分等级

等级	个人信用评级	个人信用积分	说明
AAA	信用极好	850 ～ 1000 分	一般是指有很多良好信息且无不良信息
AA	信用优秀	750 ～ 849 分	一般是指有较多良好信息
A	信用良好	650 ～ 749 分	一般是指有少量良好信息
B	轻微失信	550 ～ 649 分	一般是指有少量一般不良信息
C	信用较差	350 ～ 549 分	一般是指有较多一般不良信息
D	信用极差	0 ～ 349 分	一般是指有大量不良信息，或有严重不良信息

4.3.3 信用信息分类

个人信用信息能够细致划分为若干类别，其中包含了基础信息与不良信息等。

1. 个人基础信息

个人基础信息包括个人基本情况、个人工作情况。

个人基本情况，即年龄、婚姻、学历、常住地址、居住时间等。

个人工作情况包括个人职位、工作年限等能够体现个人基本社会状况的信息。

2. 个人良好信息

个人良好信息主要包括荣誉信息、社会公德、职业道德、家庭美德、个人品德及其他良好信息，具体如下。

荣誉信息：包含道德模范、最美人物等不低于市级的表彰、功勋。

社会公德：涉及助人为乐、志愿服务等相关信息。

职业道德：包含服务群众、工作创新等相关方面的信息。

家庭美德：涉及长期赡养孤寡老人等诸多信息。

个人品德：关系到爱护公共财产，有效预防事故上存在突出贡献的信息。

其他良好信息：我国出台的相关法律法规所规定的能够记入的其余信息。

3. 个人不良信息

个人不良信息主要包括以下几类。

① 受到了行政处罚等行为。

② 偷税、漏税等未遵循我国出台的相关法律法规的纳税行为。

③ 未遵循我国出台的一系列规定，缴纳足额政府性基金的行为。

④ 在食品安全等方面要承担直接责任的行为。

⑤ 未服从法院判决，或者被强制执行的行为。

⑥ 犯罪行为。

⑦ 在供电、停车等一系列缴费活动中，出现了不良信息的情况。

⑧ 克扣或者没有正当理由拖欠工资、违反我国社会保障法的行为。

⑨ 家庭暴力，遗弃孩童等诸多逃避法定义务的行为。

⑩ 信贷、保险等方面有逾期、诈骗等行为。

⑪ 在养老、技能鉴定等方面提供了虚假材料等行为。

⑫ 学历造假、学术不端等相关行为。

⑬ 编造个人信息，以此来向相关主体骗取相应利益的行为。

⑭ 对重点领域拒不整改的行为。

⑮ 造谣传谣的行为。

⑯ 受到党纪、政纪处分的行为。

⑰ 被行政机关认定为诬告、行贿、造假、参与传销等行为。

⑱ 交通违法违规行为。

⑲ 违反公共场所预先规定的行为。

⑳ 我国出台的相关法律法规所记入的其余行为。

4.3.4 重点应用领域

开封市个人信用积分主要应用于守信激励。对于分数较高的个人，给予政府及公共服务、金融服务、考核评定、宣传，以及其他方面的优惠便利，具体如下。

① 政府及公共服务方面，在行政审批、资源要素配置、公共收费服务、医院诊疗、车辆年检、教育养老等过程中予以绿色通道、收费优惠、优先办理等激励措施。

② 金融服务方面，优先授信，与此同时，让办理流程更简洁。

③ 考核评定方面，在资质评定等过程中给予优待，打分或者为考核加分。

④ 宣传方面，在官方网站或者为部分媒体所宣传。

⑤ 其他方面，我国在此方面发布的一系列法律法规，或者为地方规章所规定的能够推行的其余激励举措。

4.3.5 应用经验

开封市个人信用体系的构建，从诚信文化建设等方面着手，释放足够多的信用价值，让该地区的守信者均能够享受相对较多的优惠，让诚信成为该地区甚至全国致力于追求的行为准则。

1. 搭建多维信用数据共享体系

开封市通过搭建多维信用数据共享体系，解决公共信用数据标准不统一、质量参差不齐、难以支撑应用的问题，让社会等主体协同参与，切实保障跨部门之间可以信息共享应用。另外，切实保障各种类型信息数据的良好安全性，保证信用主体的根本权益。

（1）夯实个人信用数据基础

开封市针对海量公共信用数据标准不统一、质量参差不齐、难以支撑应用的问题。在政策规范方面，制定《开封市公共信用信息征集共享使用暂行办法》《开封市公共信用信息归集目录（试行）》，明确信用信息采集标准，对公共信用信息征集、共享、整合、交换、查询、应用等方面进行全面规范。在执行层面，要求各部门必须在第一时间汇总信用信息资源，依据《开封市公共信用信息归集目录（试行）》文件所提出的各项要求，将各种类型的信用信息引入地方共享服务平台，切实提升数据归集过程中的标准化和精准度，实现更为高效的数据归集。在核查层面，由共享服务平台对这些部门提供的信息进行比对，而后归纳入库，实现信息实时标准化校验，确保采集数据规范统一。目前，开封市已归集各行各业的经营异常名录、交通违章等多样化公共信用信息，建立自然人公共信用信息数据库。

（2）依法依规推进信用数据共享应用

开封市已经归集了行政区域之中多达 34 家机关所关联的信用数据，并从基础信息、不良信息等方面着手，构建个人诚信画像。并为全市范围内已成年的自然人构建相应的诚信档案，依托个人信用信息系统，拓宽当前信用应用场景，尽可能提升当前的守信激励力度，全面提高公众诚信在构建过程中的获得感。

（3）健全信用数据安全保障机制

健全信用数据安全保障机制主要包括 3 个方面：完善开封市公共信用信息共享服务平台、加强信用信息安全保护、信用信息主体的权益保护，具体如下。

第一，逐步优化当地的信息共享服务平台，涉及多部多主体，并结合数量较多的信用信息，构建密实的网。

第二，切实提升对各种类型信用信息的安全保护力度，将该平台布局至全市的政务云平台中，全面提升安全防护等级。

第三，加强信用信息主体的权益保护，关注于信用修复，在当地的官方网站设置信用修复专栏，切实保障这一工作的高效推进。

2. 创新深化信用积分应用

开封市将“信易+”作为信用建设的重要抓手，探索更多的应用场景，让诚信市民感受到诚信的魅力，诚信能够便于民众的日常生活，也能够让城市更美丽。

信用建设主要内容如下。

一是推进“信易批”促进诚信主体信用争先。开封市自贸区积极优化办事流程，在切实保障个人信息满足安全性要求的基础上，让契合于预先设定条件的守信主体，在申报材料有所缺失时，也能够享受“一网通办”等相关便捷服务，这也显著提升了审批工作者的工作效率，让相关诚信主体真切感受到信用的重要性。

二是由点到面，积极拓宽“信易购”辐射面。由小及大，积极引导，开封市正携手各大厂商不遗余力地进行诚信宣传，切实推进信用消费。例如，开封市联合了万宝电器，发布了“信易购”优惠政策，为活动商家进行了很好的宣传，与此同时，对于信用相对良好的开封市市民，还能享有这些厂商所提供的一系列购物优惠政策。

三是积极探索更具创新性的“信易行”监管模式。开封市基于信用开封 App，联合出租车平台广泛推行了这一模式。第一批选择了 20 辆出租车当作试点车辆，这些车辆均已张贴相应的二维码，乘客仅需要扫码便能第一时间对出租车司机做出评价，还能自由浏览以往一段时期的评价信息，便于乘客选择优质的出租车出行。

四是扩展“信易医”的场景维度。针对诚信市民，开封市在百姓大药房、新特药房和新特药业 1 号店开展购药优惠激励，此外，还推进免费诊疗项目等。

五是“信易服”开创便民服务模式。开封市龙亭区政务服务中心大力推广当地的激励政策，信用良好的市民不仅能够免费邮寄，而且还可以享受雨伞免押金等比较特殊的服务。

六是“信易住+餐饮”提升餐饮服务业水平。开封将开元名都大酒店设定为试点单位，诚信良好的市民前往酒店用餐，不仅能够享受免费咖啡，而且能够参加会员日的系列活动。

3. 营造信用有价的诚信氛围

开封市在推进个人信用积分体系建设和应用的同时，让诚信流淌于市民心中，积极弘扬我国优秀的诚信文化，塑造积极向上的诚信氛围，全面提高开封诚信文明水平。

4.4 江西省：构建全省统一的“区块链+”综合信用评价体系

江西省基于各地各部门在行政管理、居民生活、市场交易、“赣服通”平台使用等过程中产生的公共信用数据，得到个人信用评价分——“赣通分”。同时，江西省还在大力推广“赣通分”各种类型的便利服务，不断升级该应用，让其成为江西省深化“五型”政府建设的标志性成果。

4.4.1 应用背景及基础

我国十分关注公共信用评价工作，认为该项工作对社会信用体系的构建至关重要，《国务院办公厅关于加强个人诚信体系建设的指导意见》《加快完善市场主体退出制度改革方案》等相关文件陆续发布，切实推进公共信用评价工作的开展。

1. 应用背景

江西省按照国家要求，陆续发布了《江西省人民政府办公厅关于印发江西省加强个人诚信体系建设实施方案的通知》《江西省加快推进社会信用体系建设构建以信用为基础的新型监管机制的实施方案》等相关文件，推动公共信用评价相关工作的开展。

2. 应用基础

江西省在信用评价的数据、应用、技术等方面具有较好的基础。

（1）打通“信息孤岛”，建设一体化服务网络

江西省通过江西移动政务服务平台“赣服通”的建设，实现了省、市、县三级一体化政务服务网络，逐步建设优质高效的政务服务掌上平台。“赣服通”完成了从 1.0 版到 4.0 版的迭代更新，实现省、市、县三级联通，江西省 100 余个县级单位全部贯通、区域全覆盖，成为全国第 2 个省、市、县三级掌上政务服务全覆盖的省份。通过“赣服通”支撑全省从提供社保、公积金、户政等领域信息共享到帮助企业实现复工复产的抗疫数据归集，减少百姓办事的时间。“赣服通”遵循了我国在此方面发布的一系列法律法规，与此同时，维护了各信用主体享有的根本权益，时刻秉承及时等基本准则，截至 2021 年 5 月，其注册用户达到 2850 万人，累计访问次数达 13.6 亿次。

（2）应用事项完善，精细化社会治理和便民服务

“赣服通”关系到企业投资、医疗健康、税务等各种类型的事项，并在电子身份证、电子驾驶证、电子行驶证等方面创新应用，全国首创“电子离婚证”，力争扩大电子证件应用类型和应用覆盖范围。“赣服通”率先试点电子证照跨省互认和使用，首创电子证照自助打印机，成为全国政务服务的“标杆典范”。“赣服通”实现本地化便民政务服务智能推送，公积金账户变动、证照到期等及时提醒，真正实现了由“人找服务”升级为“服务找人”，给予民众更为便捷优质的服务体验。2020 年，“赣服通”3.0 版推动江西省开启了“区块链 + 政务服务”新阶段；2020 年 9 月，“赣服通”掌上服务入选国务院办公厅政府职能转变办公室《深化“放管服”改革优化营商环境典型经验 100 例》；2020 年 12 月，“赣服通”掌上服务被纳入国家发展改革委《中国营商环境报告 2020》。

（3）技术推动升级，信用积分丰富场景应用

当前，5G 时代悄然来临，政务服务也在此背景下逐步智能化，各种类型的信息技术涌现，“赣服通”已经历了数次迭代升级，开启“区块链 + 信用服务”新模式，全面推广“赣通分”，推动政务服务不断提质增效，持续探索现代数字治理体系。

4.4.2 “赣通分”体系介绍

“赣通分”体现了“赣服通”用户在归集各种类型的数据时遵守我国相关法律法规及履约践诺的真实状况。秉持正面激励的基本准则，“赣通分”应用在各平台场景给予民众较多的便利服务，以及实实在在的优惠权益。

1. 评分模式

“赣通分”的评价指标和评分方法如下。

（1）评价指标

江西省参考了我国现有的个人公共信用评价指标体系，结合当地在个人信用方面已发布的相关政策，通过基础信息、社会能力、行政行为、司法判决、经济行为、附加信用六大维度开展江西省个人公共信用评价，从而达到真实、客观、全面评价个人信用实际情况的目的。

① 基础信息，即为个人初始信用，代表反映个人基本信用特征的姓名、性别、户籍所在地、政治面貌、婚姻状况等信用信息。

② 社会能力，即个人信用能力，是指反映一定时间内个人社会生活的参与度和稳

定性，以及承担社会风险和信用风险的学历、常住地区居住时间、社保连续缴纳时间等信息。

③ 行政行为，即个人行政信用，包括行政处罚、行政强制、公共事业费用拖欠等信息，主要反映个人在行政主管部门、公共事业管理部门受到的处罚情况。

④ 司法判决，即个人司法信用，包括司法协助及执行、司法判决等信息，主要反映个人在司法部门受到的处罚情况。

⑤ 经济行为，即个人金融信用，包括信贷逾期、金融监管等信息，主要反映个人在金融部门、金融机构的不良信用情况。

⑥ 个人附加信用，包括行政奖励、“红名单”等信息，主要反映个人服务社会、关心他人的正向行为和表现。

（2）评分方法

“赣通分”按照“基础信用分 + 社会能力分 + 行政行为分 + 司法判决分 + 经济行为分 + 奖励表彰分”的评分方法计算。江西省基于现有省公共信用评价系统，对接了省公共信用信息平台自然人信用数据，自动、实时生成“赣通分”。“赣通分”总分为1000分。其中，基础信息为300分，社会能力为50分，行政行为为150分，司法判决为150分，经济行为为100分，奖励表彰为250分。

江西省个人公共信用评价指标体系假设所有信用指标数据能够方便、全面、准确地获得。但在实际操作过程中，部分信用指标数据可能存在残缺不全或错误的情况，遇到数据异常情况，按照以下3种方式处理。

①“社会能力”指标部分。该指标满分为50分，个人得分范围在16～50分。如果指标遇到数据缺失或错误情况，则不得分。对于退休或65岁以上的老人，该指标直接得满分。

②“行政行为”“司法判决”和“经济行为”指标部分。这3个一级指标虽然总分不同，但都是减分项，在遇到数据缺失或错误情况，都按照不扣分处理。

③“个人附加信用”指标部分。该部分指标都是加分项，在遇到数据缺失或错误情况，都按照不加分处理。

为真正意义上实现有法可依，江西省以各部门出台的守信激励、失信惩戒相关文件作为依据，对处于严重失信主体名单上的个人判分，并按照“基本信用分（300分）$-50\times N$”的标准计算信用得分。其中，“N”为在评分时，个人也纳入了上述名单，该名单的个人信用得分处于0～250分。

2. 评价等级

结合评分模型，“赣通分”等级由低至高依次细致划分为 6 档，累计达到 1000 分，当个人“赣通分”相对较高时，代表了其信用良好，值得一提的是，个人信用可以细致划分为六大等级，由高到低依次为诚信典型、信用优秀、信用良好、信用一般、信用较差、信用极差。

① 诚信典型：“赣通分”在 850 ～ 1000 分，通常情况下，代表了个人的守信意识非常强烈，存在不少良好信息，而且不存在不良信息。

② 信用优秀：“赣通分”在 750 ～ 849 分，一般是指个人守信意识很强，有较多良好信息。

③ 信用良好：“赣通分”在 650 ～ 749 分，通常情况下，代表了个人的守信意识非常强烈，存在一些良好信息。

④ 信用一般：“赣通分”在 550 ～ 649 分，一般是指个人守信意识一般，有少量失信信息。

⑤ 信用较差：“赣通分”在 350 ～ 549 分，一般是指个人守信意识较差，有较多失信信息。

⑥ 信用极差：“赣通分”在 0 ～ 349 分，通常情况下，代表了个人的守信意识非常差，而且有大量失信信息。

3. 适用范围

“赣通分”评价对象为当地行政区域已成年而且有民事行为能力的自然人。

4. 重点应用领域

“赣通分”秉承正面激励的基本准则。第一批上线应用涉及政务、社会、现代流通等领域，推出了各种类型的便捷服务，也有着实实在在的优惠权益。此外，“赣服通”正在推进“赣通分”应用于多样化企业服务中，并提供了诸多便利服务，让江西省的政务服务备受大众青睐。

4.4.3 应用经验

江西省坚持全省统建、多方共建、重点突破、安全可靠等原则，持续优化“赣服通”综合信用评价体系，给予各地域必要的应用场景支持。

1. 强化多渠道信用信息供给

江西省主要从丰富信用信息供给渠道和建立标准规范体系两个方面，保障信用信息供给的质量。

（1）丰富信用信息供给渠道

一是基于江西省公共信用信息平台，多方位入手建立科学完善的“赣通分”信用评价模型。二是结合现有的综合信用数据共享库，在依法的前提下参考第三方信用服务机构给出的信用评价结果，将信用基础数据，以“可用不可见”的方式应用，在该指标体系中进行调用与求解，保障信用主体的合法权益。

（2）建立标准规范体系

其一，即构建契合于当地实际情况的标准规范体系，结合业务数据特征、数据引用需求等，完善信息归集的统一规则和标准，切实保障多样化信用数据的良好兼容性，并确保其得以扩展；其二，构建科学健全的信用信息安全管理，与此同时，完善现有应急处理机制；其三，引导相对较多的信用相关数据上链，借助计算技术，让信用信息归集过程更加标准化；其四，基于我国出台的相关规定，让信用信息所关联的应用授权程序更为标准化，尽可能保障信用主体自身的根本权益。

2. 首创“区块链 + 信用服务”模式

2021 年,《江西省人民政府办公厅关于印发“赣服通”4.0 版建设工作方案的通知》（赣府厅字〔2021〕3 号）指出，应当紧跟 5G 时代政务服务移动化、智能化趋势，将信用植入“赣服通”平台，建设全省综合信用评价体系，将“赣服通”评价分（即“赣通分”）逐步推广应用，开启“区块链 + 信用服务”新模式。

（1）全省统一的数据基础和评价模型

首先，结合江西省现已构建的公共信用信息平台，需要专门为其构建相应的综合信用评价体系，全面推广“赣通分”。其次，基于信用基础数据，采用区块链技术实时生成“赣通分”，加强信息溯源和调用管理，采集多样化数据时应进行实名认证，并在线授权等，提升数据应用便捷性和安全性。

（2）坚持“用户授权 + 区块链存证”方式

一是坚持用户授权原则，“赣服通”App 在得到相关用户的授权后，才能调取政务、金融等方面的用户数据，然后求解得到用户本人所对应的“赣通分”。

二是坚持区块链存证，为切实保证用户在每次使用过程中的数据安全性，系统会将各授权记录全部存储于“赣服通”平台。

（3）加速信用积分应用落地

江西省基于在线政务服务和信用应用方面的多年经验积累，为“赣通分”个人信用积分体系应用和各领域应用场景创新夯实基础。同时，应用“赣通分”后，能够改进重构当下服务应用，全面升级用户体验。根据“赣通分”分值或等级在政务、商务、社会、金融和现代流通等多个不同领域实施激励，丰富“赣通分”信用激励措施。

“赣通分”分数高的用户将享受更多优惠、便利与服务，包括容缺办理、先享后付、优惠折扣、免押服务等。其一，“赣通分”不仅有贴心的“老年模式”，还有更普适的“企业模式”，这两种类型的模式能够实现一键切换。其中，“老年模式”主要服务年纪较大的老年群体，为其设计了大字版本，还专门设计了语音找服务的贴心功能，此外，老年群体还可以进行养老认证等比较常规的服务；相比之下，“企业模式”则提供了惠企政策查询等多样化服务。其二，即个性化推荐，用户能够在日常应用的服务首屏直达，还能够切换自然人及法人这两大类别的身份，仅需要于该平台中，即可办成两种不同的事。其三，即推广“民生保障专区”等多达10个专区。其四，即为推广“你点我改”的服务评价，对多样化线上服务同一时间公布评价栏，用户能够随时评价，不受约束，评价内容与提出的问题会被及时处理。

“赣服通”整体服务能力居全国同类平台前列。截至2021年5月，“赣服通”上线服务事项达6841项。

附录

社会信用领域重要政策文件

1. 顶层设计文件

信用相关顶层设计文件见附表1。

附表1 信用相关顶层设计文件

序号	政策名称	文号
1	《国务院办公厅关于社会信用体系建设的若干意见》	国办发〔2007〕17号
2	《关于印发国家发展改革委 人民银行 中央编办关于在行政管理事项中使用信用记录和信用报告的若干意见的通知》	发改财金〔2013〕920号
3	《国务院关于印发社会信用体系建设规划纲要（2014—2020年）的通知》	国发〔2014〕21号
4	《中央文明委关于推进诚信建设制度化的意见》	—
5	《国家发展改革委关于贯彻落实社会信用体系建设规划纲要 加强当前社会信用体系建设的通知》	发改财金〔2014〕2340号
6	《国务院关于批转发展改革委等部门法人和其他组织统一社会信用代码制度建设总体方案的通知》	国发〔2015〕33号
7	《国务院办公厅关于运用大数据加强对市场主体服务和监管的若干意见》	国办发〔2015〕51号
8	《国务院关于建立完善守信联合激励和失信联合惩戒制度加快推进社会诚信建设的指导意见》	国发〔2016〕33号
9	《关于加快推进失信被执行人信用监督、警示和惩戒机制建设的意见》	中办发〔2016〕64号
10	《国务院办公厅关于加强个人诚信体系建设的指导意见》	国办发〔2016〕98号
11	《国务院关于加强政务诚信建设的指导意见》	国发〔2016〕76号
12	《关于全面加强电子商务领域诚信建设的指导意见》	发改财金〔2016〕2794号
13	《国务院办公厅关于加快推进社会信用体系建设构建以信用为基础的新型监管机制的指导意见》	国办发〔2019〕35号
14	《国务院办公厅关于进一步完善失信约束制度构建诚信建设长效机制的指导意见》	国办发〔2020〕49号
15	《国务院办公厅关于印发加强信用信息共享应用促进中小微企业融资实施方案的通知》	国办发〔2021〕52号
16	《关于推进社会信用体系建设高质量发展促进形成新发展格局的意见》	—

2. 平台建设文件

平台建设代表性文件见附表2。

附表2 平台建设代表性文件

序号	政策名称	文号
1	《国家发展改革委关于加强全国信用信息共享平台一体化建设和信用门户网站一体化建设的指导意见》	发改财金〔2017〕714号
2	《国家发展改革委办公厅关于进一步完善“信用中国”网站及地方信用门户网站行政处罚信息信用修复机制的通知》	发改办财金〔2019〕527号

续表

序号	政策名称	文号
3	《国家发展改革委办公厅关于印发〈公共信用信息报告标准（2021年版）〉的通知》	发改办财金〔2021〕28 号
4	《国家发展改革委 人民银行关于印发〈全国公共信用信息基础目录（2021 年版）〉和〈全国失信惩戒措施基础清单（2021 年版）〉的通知》	发改财金规〔2021〕1827 号

3. “双公示”文件

“双公示”相关典型文件见附表 3。

附表 3 “双公示”相关典型文件

序号	政策名称	文号
1	《关于认真做好行政许可和行政处罚等信用信息公示工作的通知》	发改电〔2015〕557 号
2	《关于深入推进行政许可和行政处罚等信用信息公示工作的通知》	发改电〔2015〕687 号
3	《关于规范行政许可和行政处罚等信用信息公示数据标准的通知》	发改电〔2015〕806 号
4	《关于进一步规范行政许可和行政处罚等信用信息公示工作的通知》	发改办财金〔2016〕1443 号
5	《国家发展改革委办公厅关于开展行政许可和行政处罚等信用信息公开工作第三方评估的通知》	发改办财金〔2017〕641 号
6	《关于进一步规范“信用中国”网站和地方信用门户网站行政处罚信息公示工作的通知》	发改办财金〔2017〕1171 号
7	《国家发展改革委办公厅关于通报 2017 年行政许可和行政处罚等信用信息公开工作第三方评估结果暨启动 2018 年评估工作的通知》	发改办财金〔2018〕548 号
8	《国家发展改革委办公厅 国家市场监管总局办公厅关于更新调整行政许可和行政处罚等信用信息数据归集公示标准的通知》	发改办财金〔2018〕790 号
9	《国家发展改革委办公厅关于进一步完善行政许可和行政处罚等信用信息公示工作的指导意见》	发改办财金〔2018〕424 号

4. 政务诚信文件

政务诚信建设代表性文件见附表 4。

附表 4 政务诚信建设代表性文件

序号	政策名称	文号
1	《国务院关于加强政务诚信建设的指导意见》	国发〔2016〕76 号
2	《国家发展改革委办公厅关于扎实做好公务员录用、调任人选社会信用记录查询工作的通知》	发改办财金〔2020〕552 号

5. 失信治理文件

失信治理代表性文件见附表5。

附表5 失信治理代表性文件

序号	政策名称	文号
1	《关于对炼油领域严重违法违规和失信行为开展专项治理工作的通知》	发改办运行〔2018〕25号
2	《关于加强对电子商务领域失信问题专项治理工作的通知》	发改财金〔2018〕716号
3	《中央文明委关于印发〈关于集中治理诚信缺失突出问题 提升全社会诚信水平的工作方案〉的通知》	文明委〔2018〕4号
4	《关于开展交通出行领域严重失信行为专项治理工作的通知》	发改办运行〔2018〕958号
5	《中央文明委印发〈关于开展诚信缺失突出问题专项治理行动的工作方案〉的通知》	文明委〔2020〕6号
6	《国家发展改革委办公厅关于开展失信约束措施清理规范工作的通知》	发改办财金〔2021〕15号
7	《国家发展改革委办公厅关于开展"屡禁不止、屡罚不改"严重违法失信行为专项治理的通知》	发改办财金〔2021〕155号
8	《国家发展改革委办公厅关于开展信用服务机构失信问题专项治理的通知》	发改办财金〔2021〕156号

6. 信用监管文件

信用监管代表性文件见附表6。

附表6 信用监管代表性文件

序号	政策名称	文号
1	《国务院关于"先证后照"改革后加强事中事后监管的意见》	国发〔2015〕62号
2	《国家发展改革委办公厅 人民银行办公厅关于对失信主体加强信用监管的通知》	发改办财金〔2018〕893号
3	《国家发展改革委办公厅关于推送并应用市场主体公共信用综合评价结果的通知》	发改办财金〔2019〕885号
4	《国务院关于加强和规范事中事后监管的指导意见》	国发〔2019〕18号
5	《市场监管总局关于加强重点领域信用监管的实施意见》	国市监信发〔2021〕28号
6	《关于印发2020年信用监管工作要点的通知》	市监信监（司）函〔2020〕24号
7	《工业和信息化部关于印发证明事项告知承诺制实施方案的通知》	工信部政法函〔2020〕354号
8	《国务院办公厅关于全面推行证明事项和涉企经营许可事项告知承诺制的指导意见》	国办发〔2020〕42号
9	《最高人民法院关于公布失信被执行人名单信息的若干规定》	法释〔2013〕17号
10	《关于对电子商务及分享经济领域炒信行为相关失信主体实施联合惩戒的行动计划》	发改财金〔2016〕2370号

续表

序号	政策名称	文号
11	《关于加强涉金融严重失信人名单监督管理工作的通知》	发改财金规〔2017〕460 号
12	《国家发展改革委 人民银行关于加强和规范守信联合激励和失信联合惩戒对象名单管理工作的指导意见》	发改财金规〔2017〕1798 号
13	《关于在一定期限内适当限制特定严重失信人乘坐民用航空器推动社会信用体系建设的意见》	发改财金〔2018〕385 号
14	《关于在一定期限内适当限制特定严重失信人乘坐火车推动社会信用体系建设的意见》	发改财金〔2018〕384 号
15	《国家发展改革委办公厅关于做好联合惩戒案例归集和信息共享工作的通知》	发改办财金〔2018〕475 号
16	《关于在一定期限内适当限制特定严重失信人乘坐火车和民用航空器实施细则》	证监会公告 2018 年第 9 号
17	《关于落实在一定期限内适当限制特定严重失信人乘坐火车、民用航空器有关工作的通知》	发改办财金〔2018〕794 号
18	《国家知识产权局关于印发〈国家知识产权局知识产权信用管理规定〉的通知》	国知发保字〔2022〕8 号
19	《民政部关于印发〈养老服务市场失信联合惩戒对象名单管理办法（试行）〉的通知》	民发〔2019〕103 号
20	《市场监督管理严重违法失信名单管理办法》	总局令第 44 号
21	《“信用中国”网站行政处罚信息信用修复指南》	—
22	《国家税务总局关于纳税信用修复有关事项的公告》	国家税务总局公告 2019 年第 37 号
23	《市场监管总局关于印发〈市场监督管理信用修复管理办法〉的通知》	国市监信规〔2021〕3 号

7. “信易贷”文件

“信易贷”代表性文件见附表 7。

附表 7 “信易贷”代表性文件

序号	政策名称	文号
1	《国家发展改革委办公厅关于探索开展“信易贷”工作的通知》	发改办财金〔2018〕437 号
2	《中国银保监会办公厅关于 2019 年进一步提升小微企业金融服务质效的通知》	银保监办发〔2019〕48 号
3	《国家发展改革委 银保监会关于深入开展“信易贷”支持中小微企业融资的通知》	发改办财金〔2019〕1491 号
4	《中国人民银行 银保监会 发展改革委 工业和信息化部 财政部 市场监管总局 证监会 外汇局关于进一步强化中小微企业金融服务的指导意见》	银发〔2020〕120 号

续表

序号	政策名称	文号
5	《中国人民银行 银保监会 财政部 发展改革委 工业和信息化部关于进一步对中小微企业贷款实施阶段性延期还本付息的通知》	银发〔2020〕122 号
6	《中国人民银行 银保监会 财政部 发展改革委 工业和信息化部关于加大小微企业信用贷款支持力度的通知》	银发〔2020〕123 号
7	《国家发展改革委办公厅关于请报送“信易贷”有关数据的通知》	发改办财金〔2020〕784 号
8	《国家发展改革委办公厅关于支持“信易贷”平台向金融机构推荐信用状况良好企业有关工作的通知》	发改办财金〔2020〕785 号
9	《中国人民银行 银保监会 财政部 发展改革委 工业和信息化部关于继续实施普惠小微企业贷款延期还本付息政策和普惠小微企业信用贷款支持政策有关事宜的通知》	银发〔2020〕324 号
10	《国家发展改革委办公厅 银保监会办公厅关于加强信用信息共享应用推进融资信用服务平台网络建设的通知》	发改财经〔2022〕229 号

8. 社会信用体系建设示范区文件

社会信用体系建设示范区代表性文件见附表 8。

附表 8 社会信用体系建设示范区代表性文件

序号	政策名称	文号
1	《国家发展改革委办公厅 人民银行办公厅关于印发首批社会信用体系建设示范城市名单的通知》	发改办财金〔2017〕2158 号
2	《国家发展改革委办公厅 人民银行办公厅关于印发第二批社会信用体系建设示范城市（区）名单的通知》	发改办财金〔2019〕849 号
3	《国家发展改革委办公厅 人民银行办公厅关于公布第三批社会信用体系建设示范区名单的通知》	发改办财金〔2021〕810 号
4	《社会信用体系建设示范区评审指标（2022 年版）》（征求意见稿）	—

9. 城市信用监测文件

城市信用监测代表性文件见附表 9。

附表 9 城市信用监测代表性文件

序号	政策名称	文号
1	《国家发展改革委办公厅关于印发实施城市信用状况监测预警指标（2019 年版）的通知》	—
2	《国家公共信用信息中心关于更新发布〈城市信用状况监测预警指标（2020 年版）〉的通知》	—
3	《城市信用状况监测预警指标（2022 年版）》	—

参考文献

[1] 田侃，章政，杜丽群，等．中国信用发展报告（2019—2020）[R]. 北京：社会科学文献出版社，2020.

[2] 中国人民银行征信中心．征信基本知识 [EB/OL].（2014-01-14）[2020-5-1].

[3] 孟小峰，慈祥．大数据管理：概念、技术与挑战 [J]. 计算机研究与发展，2013，50（1）:146-169.

[4] 陈小梅．我国大数据征信业发展实践与完善路径 [J]. 福建金融，2017（12）:59-62.

[5] 汪红蕾．大数据征信助推长尾客户金融可得性研究 [J]. 北方经贸，2020（9）:59-62.

[6] 宋美娜，王晴川，刘毓，等．大数据征信标准体系研究 [J]. 中国标准化，2021（9）:94-98.

[7] 中国电子技术标准化研究院．2020 大数据标准化白皮书（2020 年版）[R]. 北京：信息技术研究中心，2020.

[8] 刘新海．征信与大数据 [M]. 北京：中信出版集团，2016.

[9] 叶小刚．基于结构－过程－结果理论的项目负责人科研信用评价体系研究 [J]. 科技创新发展战略研究，2020，4（4）:53-58.

[10] 尼古拉・杰因茨．金融隐私——征信制度国际比较（第二版）[M]. 万存知，译，北京：中国金融出版社，2009.

[11] 刘新海，丁伟大．大数据征信应用与启示——以美国互联网金融公司 Zest Finance 为例 [J]. 清华金融评论，2014（10）:93-98.

[12] 李友元，寇纲．我国大数据征信的挑战及对策 [J]. 大数据，2017，3（1）:27-34.

[13] 李真．大数据信用征信：现实应用、困境与法律完善逻辑 [J]. 海南金融，2015（1）:5-9.

[14] 黄玺 . 互联网金融背景下我国征信业发展的思考 [J]. 征信，2014，32（5）:50-52.

[15] 顾乃景，马晓丽 . 我国大数据征信发展现状探析 [J]. 中国集体经济，2020（34）:161-162.

[16] 毛珊 . 拍拍贷 P2P 借贷平台财务风险控制研究 [D]. 华北水利水电大学，2019.

[17] 牛丰，杨立 . 基于博弈理论的 P2P 借贷信用风险产生机制分析 [J]. 财务与金融，2016（1）:1-6.

[18] 郑联盛 . 中国互联网金融：模式、影响、本质与风险 [J]. 国际经济评论，2014（5）:103-118+6.

[19] 丁岚，骆品亮 . 基于 Stacking 集成策略的 P2P 网贷违约风险预警研究 [J]. 投资研究，2017，36（4）:41-54.

[20] 常铁 . 基于 BP 神经网络的 A 银行中小企业信用评估系统构建 [D]. 湖南大学，2015.

[21] 张思琦 . P2P 网络借贷平台的财务风险管理 [D]. 江西：江西财经大学，2018.

[22] 卢馨，李慧敏 . P2P 网络借贷的运行模式与风险管控 [J]. 改革，2015（2）:60-68.

[23] 马晓君，沙靖岚，牛雪琪 . 基于 LightGBM 算法的 P2P 项目信用评级模型的设计及应用 [J]. 数量经济技术经济研究，2018，35（5）:144-160.

[24] 操玮，李灿，贺婷婷，等 . 基于集成学习的中国 P2P 网络借贷信用风险预警模型的对比研究 [J]. 数据分析与知识发现，2018，2（10）:65-76.

[25] 赖莹 . 支持向量机在 P2P 借款人信用风险评估中的应用 [D]. 四川：电子科技大学，2018.

[26] 贾蜜蜜 . P2P 互联网金融数据分析平台的研究与实现 [D]. 北京：北京邮电大学，2018.

[27] 王梦雪 . 基于机器学习技术的 P2P 风控模型研究 [D]. 哈尔滨：哈尔滨工业大学，2017.

[28] 林国强，赵毅鸣，况青作，等 . 基于复杂网络和机器学习的 P2P 用户违约预测 [J]. 北京师范大学学报（自然科学版），2017，53（1）:24-27+2.

[29] 黎四奇 . 社会信用建构：基于大数据征信治理的探究 [J]. 财经法学，2021(4):3-22.

[30] 谷新生．类金融机构研究 [J]. 金融理论与教学，2020(4):30-38.

[31] 张涛，郑晓瑜，付波．基于大数据原理的类金融机构信用监管研究及应用 [J]. 中国商论，2020(22):36-37+61.

[32] 李崇纲，许会泉．冒烟指数：大数据监测互联网金融风险 [J]. 大数据，2018，4(4):76-84.

[33] 张尧学．大数据导论 [M]. 北京：机械工业出版社，2018.

[34] Laney D. 3D data management: Controlling data volume, velocity and variety[R]. United States：META Group Research Note, 2001.

[35] Shen Wei. Internet lending in China: Status quo, potential risks and regulatory options[J]. Computer Law & Security Review: The International Journal of Technology Law and Practice, 2015, 31 (6) :793-809.

[36] Erkki K. Laitinen, Teija Laitinen. Bankruptcy prediction Application of the Taylor's expansion in logistic regression[J].International Review of Financial Analysis, 2000, 9 (4) :327-349.

[37] Aihua Shen, Rencheng Tong, Yaochen Deng. Application of Classification Models on Credit Card Fraud Detection[C].United States:IEEE, 2007.

[38] lMilad Malekipirbazari, Vural Aksakalli. Risk assessment in social lending via random forests[J]. Expert Systems with Applications, 2015, 42 (10) :4621-4631.

[39] Haifeng Li, Yuejin Zhang, Ning Zhang, et al. Detecting the Abnormal Lenders from P2P Lending Data[J].Procedia Computer Science, 2016 (91) :357-361.